感 謝 の 祭 儀 を 祝 う

新しい「ミサの式次第」解説

日本カトリック典礼委員会・編

カトリック中央協議会

出版にあたって

　日本のカトリック教会においては、2021 年の聖霊降臨の主日（5 月 23 日）に教皇庁典礼秘跡省から認証（Confirmatio: Prot. N. 148/14）を受けた「ミサの式次第と第一〜第四奉献文」等が、約 1 年半の移行準備の後、2022 年の待降節第 1 主日（11 月 27 日）から実施され、新しい式文によるミサがささげられています。

　この新しい「ミサの式次第」等の使用開始のために、日本カトリック典礼委員会は、2021 年 10 月 20 日付で、『新しい「ミサの式次第と第一〜第四奉献文」の変更箇所——2022 年 11 月 27 日（待降節第 1 主日）からの実施に向けて』という冊子を発行しました [1]。また、カトリック中央協議会のホームページには、その簡略版となる「新しい『ミサの式次第と第一〜第四奉献文』——会衆と奉仕者が唱える式文のおもな変更箇所」という文書を掲載し [2]、とくにこの二つの資料に基づいて、信者の皆様には移行準備を進めていただきました。

　またこれと並行して、「ミサの式次第」等における新しい変更箇所の理解を深め、各教会共同体において、より良い準備を行っていただくために、『カトリック新聞』に 2021 年 11 月から毎月 1 回のペースで 1 年間、日本カトリック典礼委員会の委員が分担して、新しい「ミサの式次第」の実施に向けた関連記事を連載しました。本書は、この連載記事を修正し、また、必要に応じて加筆して再編集したものです。

　さらに補遺として、新しい「ミサの式次第」の中で「あわれみの賛歌」が「いつくしみの賛歌」に変更された意図について、聖書学的観点と典礼学的観点から説明する記事を加えています。この補遺の記事は、『カトリック新聞』の連載記事を修正・加筆した本編と比べて、かなり専門的な内容になっています。それは、記事連載の期間中に、「あわれみの賛歌」が「いつくしみの賛歌」へと変更された意図について、読者から複数の学術的な質問が寄せられ、日本カトリック典礼委員会としても、それにこたえる解説を公表する必要があ

---

1)　全文は https://www.cbcj.catholic.jp/wp-content/uploads/2017/01/henkou2022.pdf を参照。

2)　https://www.cbcj.catholic.jp/wp-content/uploads/2021/10/mass2022wLM2.pdf を参照。

4

ると判断したためです。このような補遺の追加の経緯にも、ご理解をいただけ
ければ幸いです。

　わたしたちが「心を込めて神を仰ぎ、賛美と感謝をささげる」尊い大切な務
めをよりよく果たしていくために、本書が新しい式文に込められている深い意
味を味わう手引きとなり、ミサのすばらしさを再発見する助けとなることを願
っています。

　2023 年 7 月 11 日　聖ベネディクト修道院長の記念日

日本カトリック典礼委員会

委員長　白 浜　満

目　次

凡　例

・「ローマ・ミサ典礼書の総則」の引用は、『ミサの式次
　第（2022 新版）』（カトリック中央協議会、2022 年、7〜135
　頁）に従う。なお、各項目での初出時を除き、「総則」
　と略記する。

・『新しい「ミサの式次第と第一〜第四奉献文」の変更
　箇所――2022 年 11 月 27 日（待降節第 1 主日）から
　の実施に向けて』（カトリック中央協議会、2021 年）は、
　各項目での初出時を除き、『変更箇所』と略記する。

・新しい「ミサの式次第」の通し番号を示す場合は「式
　次第」と略記する。

・聖書の引用は原則として日本聖書協会『聖書 新共同
　訳』（2000 年版）を使用した。

感謝の祭儀を祝う

新しい「ミサの式次第」解説

はじめに

白浜　満

　2022 年 11 月 27 日（待降節第 1 主日）から、新しい「ミサの式次第」等に基づくミサが実施されています。44 年ぶりに改訂された日本語の新しい「ミサの式次第」の変更箇所を中心とした解説に入る前に、今回の改訂の経緯について、前置きさせていただきたいと思います。

ミサの式次第の改訂の経緯

　主イエスは、最後の晩餐において「わたしの記念としてこのように行いなさい」（一コリント 11・24、25）と弟子たちに命じられました。後に、「パンを裂く式」、「エウカリスティア（感謝の祭儀）」、「ミサ」などの名称をもって呼ばれるようになったこの記念祭儀は、救い主イエスの受肉（降誕）に始まり、過越（受難・死・復活）によって成し遂げられた救いの恵みの源泉を想起し、そこから生じた恵みを現在化して分配するために、主イエスご自身が残された「愛の記念」です。

　教会は、固有なことばとしるしをもって、主イエスの「記念」をふさわしく祝う祭儀（典礼）を整え、その長い歴史の中で、多様な典礼様式を発展させてきました。ローマ典礼様式の教会においては、1474 年に「最初のミサ典礼書の規範版」[1] が発行されていましたが、「教皇聖ピオ五世が 1570 年にトリエント公会議（1545〜1563 年）のミサ典礼書を公布」[2] しました。それ以降、このトリエント公会議の『ローマ・ミサ典礼書 (Missale Romanum)』が用いられ、第二バ

---

1)　「ローマ・ミサ典礼書の総則」7（Institutio generalis Missalis Romani）。

2)　同 6。

チカン公会議（1962〜65 年）に至るまで 4 世紀に及んで、ラテン語でミサがさ
さげられてきました。そしてようやく、第二バチカン公会議の『典礼憲章』
（1963 年）によって、よりいっそう諸国の民に寄り添う典礼を目指して、諸国
語への翻訳と、それぞれの国や地域の文化への適応という新たな道が開かれる
ことになりました。こうして、1970 年に第二バチカン公会議の『ローマ・ミ
サ典礼書』ラテン語規範版の初版が公布され、1975 年には第二版が発行され
ました。

　第二バチカン公会議前までは、典礼書の翻訳が規制されていたので、世界の
ローマ典礼様式の教会において、公式な典礼書の諸国語への翻訳作業は、第二
バチカン公会議後に始められたものです。これまで、日本の教会で使用されて
きた日本語版『ミサ典礼書』は、ラテン語規範版第二版（1975 年）の重要な部
分を翻訳して適応させ、教皇庁典礼聖省（現在の典礼秘跡省）から暫定的な認証
を受けて、1978 年のクリスマスに発行されたものでした。その後、2002 年に
典礼秘跡省からラテン語規範版第三版が発行されたため、これに基づいて現行
の『ミサ典礼書』の式文の翻訳・適応が見直され、未翻訳の箇所を訳出する作
業が始まりました。この改訂作業は、典礼委員会の諸先輩による翻訳作業によ
って公布された日本語版『ミサ典礼書』（1978 年）を土台としています。当初
の作業に従事され、貴重な基礎を築いてくださった委員の皆様に、心からの敬
意と感謝を表します。

　2022 年 11 月 27 日（待降節第 1 主日）から実施されている新しい「ミサの式次
第」等は、日本の教会が使用してきた『ミサ典礼書』に掲載されているミサの
式次第および第一〜第四奉献文を、ラテン語規範版第三版（2002 年）に準拠し
て改訂したものです。この改訂作業は、2000 年 6 月の定例司教総会で発足を
承認された『ミサ典礼書』改訂委員会（前委員長：南雲正晴師、現委員長：市瀬英昭
師）を中心に行われてきました。

　ラテン語規範版第三版は約 1310 ページに及んでいますが、2021 年 5 月に典
礼秘跡省から認証を受けた式文のテキストは約 70 ページ分で、規範版全体の 5
パーセント強にすぎません。したがって、この規範版に基づいて『ミサ典礼書』
を改訂していく作業は、現在も続けられています。しかしながら、式次第の箇
所は、ミサ典礼書の中核であり、もっとも頻繁に用いられる重要な部分（通常
式文）であるため、2021 年 5 月に典礼秘跡省から認証されたことは、ラテン語

規範版第三版に基づく改訂作業の大きな山場を越えたことを意味するものです。

この認証に先立ち、典礼秘跡省からのイニシアティブで、2021年5月4日、日本時間の午後4時半からオンライン会議（約30分程度）が実施され、提出中の「ミサの式次第と第一〜第四奉献文」等の認証を受けるために必要な修正箇所と手順について、同省長官のアーサー・ローチ大司教（当時。現在は枢機卿）と担当者が丁寧に説明してくださいました。通常、典礼秘跡省は、ラテン語規範版全体の翻訳テキストを提出しなければ、部分的な翻訳テキストを認証しないのが慣例です。しかし、典礼秘跡省は、日本の教会のために特別な配慮を示して、新しい「ミサの式次第と第一〜第四奉献文」等を認証し、すぐに使用してもよいという許可を与えてくださったのです。

この特別な配慮は、日本の教会が2006年4月に、「ミサの式次第と第一〜第四奉献文」等を典礼秘跡省に提出して以降15年ほどの間に数回の交渉を粘り強く重ね、また日本の司教団がアド・リミナ（司教団による教皇庁への定期訪問）のために教皇庁を訪れた際に、教皇フランシスコや典礼秘跡省の関係者に、日本の教会の実情を直接訴えたことの結実のように思います。

新しい「ミサ典礼書」の完成までの対応

日本カトリック司教協議会は、2021年7月の臨時司教総会において、認証を受けた「ミサの式次第と第一〜第四奉献文」等の取り扱いについて協議した際、日本カトリック典礼委員会からの申し出を受け入れて、約1年半の移行期間を設け、2022年11月27日（待降節第1主日）から実施することを決定しました。それはおもに、以下の諸準備が必要とされたからです。

①新しい「ミサの式次第と第一〜第四奉献文」等の変更箇所の説明会の実施
②式文を歌唱するための現行旋律の加筆・修正や新旋律の作曲
③新しい「ミサの式次第」等の儀式書の発行
④会衆用の新しい式次第の冊子の発行

このような新しい「ミサの式次第」の実施までに必要な諸準備やプロセス等を説明する「新しい『ミサの式次第と第一〜第四奉献文』等の実施までの手順」も、カトリック中央協議会のホームページに掲載されました[3]。

---

3) https://www.cbcj.catholic.jp/wp-content/uploads/2021/10/mass2022wLM.pdf を参照。

　2021年9月以降、教区や修道会などからの要請を受けて、日本カトリック典礼委員会の委員が分担して、今回の改訂作業についての説明のために各地を回りました。同年9月の全国典礼担当者会議はコロナ禍の影響でオンラインによる開催となりましたが、各教区の典礼担当者に対して、新しい「ミサの式次第」の実施に向けた準備について説明するとともに、おもな改訂箇所の解説とそれに対する質疑応答が行われました。2022年9月の全国典礼担当者会議も、前年と同様に新しい「ミサの式次第」等の実施に向けた準備を中心に開催され、各教区から寄せられた質問などに答えるとともに、新しいミサの賛歌（ミサ曲）や式次第の旋律を実際に歌唱する実習も行われました。

　こうした準備を経て、実施前の2022年11月1日に、司式者用の儀式書『ミサの式次第』がカトリック中央協議会から発行されました。他の儀式書の場合と同様、会衆用の新しい式次第の冊子の発行は、複数のカトリック出版社が引き受けてくださいました。当面は、この新しい儀式書『ミサの式次第』を使用しながら、まだ認証されていない公式祈願や季節固有の式文などについては、従来の『ミサ典礼書』や『毎日のミサ』（カトリック中央協議会発行）等に掲載されているものを用いて、ミサを実施していただくことになります。

　他方では、このような折衷的な対応よりも、ラテン語規範版第三版のテキスト全体を翻訳し終え、典礼秘跡省による新しい「ミサ典礼書」の全体的な認証を受けてから実施に移行するほうが混乱しないでよかったのではないか、との意見もありました。しかしながら、新しい「ミサ典礼書」の完成までにはまだ数年を要することから、典礼の刷新を段階的に進めていくことについて、信者の皆様のご理解を賜りたいと思います。

1 　開　祭

市瀬　英昭

第二バチカン公会議の典礼刷新の流れの中で

　この連載では、新しい「ミサの式次第」の変更箇所について、式の流れに沿って解説を行うことになりました。変更箇所は多くはありませんが、ミサ全体を見直す中で、ミサがわたしたちの日常生活を照らし励ます大切な祭儀であることを実感する機会となるなら幸いです。

　第二バチカン公会議（1962〜65 年）の典礼刷新の意図は、救いの恵みを豊かに受けるため、会衆にミサへの行動的参加を促すことでした。その際、開祭に関する刷新は 2 点ありました。一つは祭儀が始まる前のルブリカ（典礼注記）が、「司祭が祭壇へ向かう準備ができると」から「会衆が集まると」へと変更されたこと（「式次第」1）。もう一つは、司祭が個人的に唱えていた回心の祈りが会衆全体の共同の回心の儀とされたことです。

　それ以外の箇所についても、ミサは全体として簡素化され、会衆のミサへの行動的参加への道が開かれました。その刷新の流れの中に、『新しい「ミサの式次第と第一〜第四奉献文」の変更箇所——2022 年 11 月 27 日（待降節第 1主日）からの実施に向けて』もあります。

　それでは、開祭の変更箇所を中心に開祭の部の意義を確認していきましょう。

対話句（「式次第」2）

　「また司祭とともに」から「またあなたとともに」へ変更されました。

　『変更箇所』によれば、従来の日本語版『ミサ典礼書』では、祭儀をつかさどる者の意で「司祭」と訳されましたが、その理解が浸透せず、司教や助祭に

対して応答するには違和感がある、との指摘もあり、「諸外国や他教派の式文
も参考にして、これを聖書的語法に基づく全人的な表現と受け止め……採用さ
れました」[1] と解説されています。

　大切なことは、ラテン語規範版の "Et cum spiritu tuo" の直訳である「また
あなたの霊とともに」、従来の日本語訳「また司祭とともに」、今回の「またあ
なたとともに」のいずれの場合にもカテケージス（教理教育）が必要であろう
ということです。それぞれが豊かな意味を含んでおり、どれか一つだけが排他
的に「正しい」翻訳ではないこと。にもかかわらず、一つが選択されなければ
共同体としての祭儀は不可能になること。この共通理解が必要となります。

　日本文化において「霊」は誤解を招くという理由で省略されましたが、この
「霊」（スピリトゥス）は、聖書と典礼において重要な意味を担っている単語で
あることに留意する必要があります。応答の「あなた」は個人ではなく、「共
同の益のために、叙階の秘跡を通してあなたが受けた恩恵、この祭儀において
今、それが現実のものとなるようわれわれの求めている恩恵と共に」[2] という
意味の「あなた」である、という理解が大切となります。この応答は、奉仕
「者」というより奉仕「職」の尊厳に向けられたものとなっています。このよ
うに、このあいさつと応答は、「ともに集まった教会の神秘」（「ローマ・ミサ典
礼書の総則」50）を表す対話句としてその重要性をもっています。ミサは人間的
な集会やイベントではなく「信仰の祭儀」であることを再確認したいと思いま
す。

回心の祈り（「式次第」4 の「回心の祈り　一」）
「兄弟の皆さん」から「兄弟姉妹の皆さん」へ変更されました。
　一同で唱える回心の祈りは、兄弟姉妹という現代世界における「横のつなが
り」だけでなく、「聖マリアと聖人たち」という歴史的な「縦のつながり」、
「全能の神、すべての天使」で指し示される超越的な「垂直のつながり」を同
時に含んだ祈りです。これは、ミサ冒頭の「十字架のしるし」とともになされ
る「父と子と聖霊のみ名によって」という司祭のことばに含まれている信仰で

1)　『変更箇所』16 頁、「式次第」2 の注。
2)　イヴ・コンガール『わたしは聖霊を信じる　第 3 巻』小高毅訳、サンパウロ、1996 年、
　　309 頁。

あり、会衆はこれに「アーメン」と応答しています。ルブリカ（典礼注記）の面では、司祭は罪のゆるしを「宣言する」から「祈る」へ変更されました。『変更箇所』の当該箇所によれば、ゆるしの秘跡と区別する意味での変更です[3]。回心の祈りは、ミサの「開始、導入、準備」（「総則」46）という開祭の要素の一つである、という文脈の中で理解されるからです。

　「主よ、あわれみたまえ」から「主よ、いつくしみをわたしたちに」への変更（「式次第」7）については、『変更箇所』で「この賛歌がもつ、いつくしみに満ちた主をほめたたえるという特徴をふまえ」たことが挙げられ、会衆の応答は、唱えやすさを考慮して「いつくしみをわたしたちに」とされた、と解説されています[4]。ラテン語原文「キリエ、エレイソン」の式文もそのまま唱えることができます。この機会に、聖書と典礼における「あわれみ」の語の豊かな意味に目を向けたいと思います[5]。

栄光の賛歌（グロリア）（「式次第」8）

　「総則」53 には、「栄光の賛歌（グロリア）は、きわめて古い尊ぶべき賛歌であって、聖霊のうちに集う教会は、この歌をもって父である神と小羊に賛美をささげ、祈る」とあります。この賛歌も原則として口語に変更され、表題にはラテン語の表記（グロリア）が加えられました。「善意の人に平和」が「み心にかなう人に平和」へ変更されました。「善意」（エウドキア）は人間のそれではなく、神の意志と恵みを示すことばであるからです。「御子」の読みは、カトリック教会の典礼では「おんこ」に統一されていますが、この箇所のみ語呂のために「みこ」を残すことになりました。「罪を除く」は「罪を取り除く」へ変更され、「あわれみたまえ」は「いつくしみをわたしたちに」とされました。

集会祈願（「式次第」9）

　集会祈願は開祭の部の中心です。これは、開祭の部を締めくくると同時にミサ全体への導入の働きをします。日本では「公式祈願」と訳されていますが、

---

3)　『変更箇所』18 頁、「式次第」4 の注を参照。

4)　同 24 頁、「式次第」7 の注を参照。

5)　本書「補遺 1」を参照。

これは奉納祈願、拝領祈願とともに、ラテン語規範版では「司式者の祈り」と呼ばれており、「キリストの代理として集会をつかさどる司祭が、聖なる民全体と会衆一同の名によって神にささげる」（「総則」30）祈りとされています。

　ローマ典礼の特徴として、この祈願文も非常に簡潔なものとなっているので、司式者はこれを唱える際の所作、間の取り方、発声と朗唱（高らかに声を上げて読むこと）のテンポなどに気を配る必要があります。全会衆が、沈黙の中で、それを聴きながら、よく味わい、心から「アーメン」と応答できるような朗唱が求められます。こうして、会衆は心と体の準備を整え「神のことばの食卓」に向かいます。

2 ことばの典礼

山下　敦

みことばに養われるために──聖書がもつ連続性と一体性の大切さ

　毎週ミサにあずかる信者は、「初めて聞く福音書の箇所はほとんどない」と一般的に感じています。ミサで聞く聖書（とくに福音書）の内容はいつか、どこかで聞いたことがあるのです。しかし、毎週ミサにあずかる信者の中に、前の日曜日に聞いたみことばや説教の内容を覚えている人は、果たしてどれくらいいるでしょうか。

　まず、考えてみたいのは、毎日曜日のミサで読まれる福音の、前後の週の朗読箇所とのつながりについてです。それは、みことば（聖書）そのものがもっている連続性と一体性のことです。

　これは、新しい「ミサの式次第」で変更された部分とは直接関係がないかもしれませんが、信仰と生活の一致というテーマ、つまり、信仰養成の主たる現場である典礼において祝われていることを日常生活で生きるために、とても重要なことです。

　ミサ聖祭は、基本的に「ことばの典礼」と「感謝の典礼」の二部構成になっています。個人的に分かりやすいのは、「ミサにあずかる人は、前者では『みことばイエス』に、後者では『ご聖体のイエス』に養われる」という表現です。

　また、現在のミサ典礼全体は、「ことばの典礼（福音を頂点とする神のことばの食卓）」と「感謝の典礼（キリストのからだの食卓）」という二つの食卓の対応関係を重視しています[1]。

1）　『朗読聖書の緒言』10（*Praenotanda Ordinis lectionum Missae*）、「ローマ・ミサ典礼書の総則」28（*Institutio generalis Missalis Romani*）参照。

　今回のテーマは「ことばの典礼」の部分です。主日のミサでは、具体的に第一朗読から共同祈願までが該当します。頂点は福音（みことばイエス）です。基本的に主日のミサの場合、福音書の主題に沿って第一朗読の箇所が決められており、各朗読の間の歌（答唱詩編、アレルヤ唱、詠唱）や説教、そして信仰宣言と共同祈願（信者の祈り）は、聖書のみことばを展開し結ぶものです[2]。

　ここまでに、二つの「一体性」が出てきました。直前に述べた、毎回の「ことばの典礼」そのものに一つのまとまり、総体性があります。そうすると、ことばの典礼の各構成要素を部分的に見つめても、そこからは正しい解釈やメッセージは出てこなくなります。

　もう一つの一体性、それは、最初に書いた、毎日曜日（主日）のミサで聞くみことば、とくに福音書がもつ連続性と一体性です。ことに年間の主日においては、A年にマタイ、B年にマルコ、C年にルカと、それぞれの福音書が中心に朗読されるようになっています。これは「準継続朗読」といわれ、イエスの宣教生活が時系列に読まれるように構成されています[3]。

　ところで、正しい聖書解釈の大原則として「部分的解釈の禁止」というものがあります。聖書の一部だけをもってきて論じることはできないということです。一体性、総体性は解釈における大原則なのです。「聖書全巻は、一冊の書です。この一冊の書、それはキリストなのです。『聖書全巻はキリストについて語り、聖書全巻はキリストにおいて完成するからです』」[4]。

　ミサにおいても、真の意味でみことばイエスに養われるためには、聖書そのものがもっている連続性や一体性がとても重要になってきます。聖書、とくに叙述的に書かれている福音書についてはそうですが、その前後に書かれていることとの関連なしに、その部分だけを切り取って読み深めることなどできないのです。要するに、前の日曜日に聞いた内容と今度の日曜日に聞く福音の内容に深いつながりがあるということです。

　そして、週日、つまり主日と主日の間は、まさに、聞いたみことばを生きるときであり、同時に、今度聞くみことばに向かって準備するときなのです。みことばの実践と準備の繰り返しこそが、ミサにあずかる者を聖化していきます。

2）　『朗読聖書の緒言』11 参照。
3）　同 105 参照。
4）　『カトリック教会のカテキズム』134（*Catechismus Catholicae Ecclesiae*）。

みことばイエスによって養われるとはそういうことです。

具体的な変更点について

　以下、新しい「ミサの式次第」のことばの典礼における具体的な変更について、数点、実践的なことを説明します。これまで、日本の教会では第一、第二朗読後の朗読者と会衆の応答について、実にさまざまな不一致がありました。『新しい「ミサの式次第と第一～第四奉献文」の変更箇所——2022年11月27日（待降節第1主日）からの実施に向けて』の「式次第」10（12）の注でも説明されているとおり、今回はラテン語規範版に従って朗読者が「神のみことば」、一同が「神に感謝」と唱えることになりました（「式次第」10、12）[5]。加えて、福音朗読後の朗読者と会衆の応答は「主のみことば」と「キリストに賛美」となりました（「式次第」16）。規範版ではどの朗読の後も朗読者は "Verbum Domini"（主のみことば）という同じことばを唱えますが、福音朗読後だけは、福音書が主イエスのことばであることを明確にするため、「主のみことば」と訳されました[6]。

　また、2015年に出された『新しい「ローマ・ミサ典礼書の総則」に基づく変更箇所』でもよく説明されていましたが[7]、日本の教会の適応として、各朗読後に沈黙を保ち、神のことばを味わうことも重要だと思います。忙しい日本の社会のリズムから離れ、ひたすら神のみことばに身をゆだねることは、まさにそこに神がおられるという神の臨在の体験につながっていくはずです。

　『変更箇所』の「式次第」17の注も大切だと思います。「すべての主日と守るべき祝日に、司祭あるいは助祭は必ず説教を行います」[8]。説教は聞く人のためだけではありません。神のみことばは、それについて準備して話すその人にも働く大きな恵みです。

　信仰宣言（「式次第」18）は、主日と祭日には必ず唱えますが、「より盛大に祝

5）　『変更箇所』26頁参照。

6）　同28頁、「式次第」16の注を参照。

7）　日本カトリック司教協議会『新しい「ローマ・ミサ典礼書の総則」に基づく変更箇所——2015年11月29日（待降節第1主日）からの実施に向けて』カトリック中央協議会、2015年、17～18頁参照。

8）　『変更箇所』29頁。

われる特別な祭儀においても歌うか唱える」ことが加えられました[9]。原文では「歌う」か「唱える」となっており、歌うことが前提の感があります。また、日本の教会で多用されている使徒信条も、規範版では、洗礼を思い起こすため、とくに四旬節と復活節に唱えることが勧められているものです。日本のための適応としてどの季節でも用いることはできますが[10]、もう少し、ニケア・コンスタンチノープル信条が定着してもいいのではないかと司牧の現場では思うことがあります。さらに、どちらの信条を唱える場合も、規範版に従い、「キリストの受肉の神秘について述べる部分で一同は礼をすること」(「式次第」18、19の注)が明記されているので[11]、司式者、会衆ともにしっかりと意識して頭を下げたいものです。これは、受肉の神秘において、神の恵みに深い感謝を向けるローマ典礼の伝統的な礼拝行為です。

　最後に、共同祈願(「式次第」20)は「信者の祈り(ラテン語で oratio fidelis)」です。洗礼を受けている人の積極的、かつ非常に重要な典礼参加の場であり、信者が主役のものです。意向の内容やその数についても、もっといろいろな工夫があってよいはずです。また、先唱も子どもから大人まですべての世代の信者で行えば、とてもすばらしいと思います。

---

9)　同頁、「式次第」18 の注。

10)　同注を参照。

11)　『変更箇所』30〜31 頁参照。

3 感謝の典礼

白浜　満

感謝の典礼の特徴

　感謝の典礼は、キリストが主催した（過越祭の食事の性格を帯びた）最後の
晩餐において、「主ご自身が行い、そしてご自分の記念として行うよう弟子た
ちに託されたのと同一のことを、司祭が主キリストの代理として行う」（「ロー
マ・ミサ典礼書の総則」72）という特徴があります。主キリストが命じた記念を執
り行う感謝の典礼は、叙階の秘跡によってこの記念を託され、主の代理として
（主と一体化されて）奉仕する恵みを受けた司祭の司式が必要です [1]。しかし同
時に、洗礼に基づく祭司職にあずかるすべてのキリスト信者がミサ全体を通し
て、「意識的に、敬虔に、行動的に聖なる行為に参加」[2] することが求められて
います。そのために第二バチカン公会議（1962〜65年）後の典礼においては、
司祭と会衆は対面して呼応しながらミサを進める刷新が行われましたが、とく
に司祭が中心になりがちな感謝の典礼において、「ともにささげる」という意
識を大切にする必要があります。

奉納祈願への招きと応答（「式次第」29）

　感謝の典礼において、祭壇の準備から奉納祈願までの部分は、後に続く主の
いけにえ（御からだと御血）の奉献の準備という位置づけで、日本語の「ミサ
の式次第」では「奉納」ということばが用いられています。この準備段階で、
今回の重要な変更点は、奉納祈願の前になされる司祭の招きとそれに対する会

---

1)　「ローマ・ミサ典礼書の総則」4（*Institutio generalis Missalis Romani*）参照。

2)　第二バチカン公会議『典礼憲章』48（*Sacrosanctum Concilium*）。

衆の応答です。従来の日本語版『ミサ典礼書』の注記によれば、「一同は司祭とともにしばらく沈黙のうちに祈る。次のような祈りをすることもできる」[3]というように、会衆の応答は任意となっていました。新しい「ミサの式次第」の注記では、ラテン語規範版に従って「会衆は立って唱える」となっていて、必ず答えるようになりました。従来の会衆の応答にあった「……司祭の手を通しておささげするこのいけにえを」ということばについては、司祭だけが主のいけにえをささげているかのような印象を与えるという指摘もありました。『典礼憲章』48で「教会は、キリスト信者が……神のことばによって教えられ、主の御からだの食卓で養われ、神に感謝し、ただ司祭の手を通してだけではなく、司祭とともに汚れのないいけにえをささげて自分自身をささげることを」学ぶように教えています。この精神を生かした、司祭の招きの新しい式文に見られる「ともにささげるこのいけにえ」という翻訳に留意し、司祭が一人でささげるのではなく、会衆も心を合わせて「ともにささげる」意識を大切にしたいと思います。

奉献文の種類

　新しい「ミサの式次第」の改訂作業の底本であるラテン語規範版第三版（2002年3月発行）には、第二版に収録されていた「第一～第四奉献文」のほかに、「ゆるしの奉献文」が2種類、「種々の機会のミサの奉献文」が異なる四つの叙唱との組み合わせで4種類掲載されており、合計10の奉献文があります。今回の新しい『ミサの式次第』には、2021年5月23日に教皇庁典礼秘跡省から認証を受けた第一～第四奉献文とともに、先に認証を受けていた「ゆるしの奉献文」（2種類）が、若干の修正を加えて補遺として掲載され[4]、まだ認証を受けていない「種々の機会のミサの奉献文」（試用版）は別冊となりました。それぞれの用途に合わせて、これらの多様な奉献文を活用していければと思います。

叙唱前の対話句 （「式次第」31）

　どの奉献文も、叙唱への導入となる司祭と会衆の対話句から始まります。従

3)　『ミサ典礼書』カトリック中央協議会、1978年、540頁。
4)　『ミサの式次第』カトリック中央協議会、2022年、399頁以下参照。

来の対話句は 2 組でしたが、今回、ラテン語規範版に合わせて三つの対話句になりました。そして、司祭の三つ目の「賛美と感謝をささげましょう」という呼びかけに対応して、会衆は「それはとうとい大切な務め（です）」と答えます。この対話句にも、司祭と会衆が「ともにささげる」というニュアンスが込められています。

感謝の賛歌（サンクトゥス）（「式次第」31）

従来の文語体のミサの賛歌を口語化するにあたり、栄光の賛歌にも見られた「天のいと高きところには神に栄光」という表現を、「天には神に栄光」に変更しています。ラテン語原文では「イン・エクチェルシス（in excelsis）」（いと高きところに）のみであり、従来の「天のいと高きところ」という式文は、「天」と「いと高きところ」という、二つの同義の表現が重複しているとも受け止められます。今回、「いと高きところ」を「天」と呼ぶこととし、「天」ということばのみを残しました。これによって、文学的な表現の多様性が損なわれたかもしれませんが、主の祈りの「天におられるわたしたちの父よ」という表現、栄光の賛歌の「天には神に栄光」、感謝の賛歌の「主の栄光は天地に満つ」と「天には神にホザンナ」など、表現の一体性が整えられたかたちになっています。

「信仰の神秘」への応唱（「式次第」91 など）

今回の奉献文の改訂の中で、司祭の「信仰の神秘」に続く、会衆の三つの応唱に着目したいと思います。これらの応唱は、父である神に向けられたものではなく、ミサの中で聖別されたパンとぶどう酒に現存される主イエスに対して向けられた賛美のことばなのです。従来の翻訳ではそれが十分に示されていなかったため、新しい式文はこのニュアンスを明確に表現するものとなっています。さらにここで、主の十字架上の死を思いながら、主の復活と再臨の神秘も同時に記念されていることに留意したいと思います。聖体の秘跡には人類のために人となり死んで復活された主イエスが現存され、また、後に行われる聖体拝領は、いわば主の再臨の前触れでもあるのです。

拝領前の信仰告白（「式次第」132）

　新しい「ミサの式次第」には、ラテン語規範版にある百人隊長の信仰告白（マタイ8・8）に基づく「主よ、わたしはあなたをお迎えするにふさわしい者ではありません。おことばをいただくだけで救われます」という表現が掲載されています。この百人隊長の謙虚な告白には、神のことばの食卓にあずかっただけでもはかりしれない恵みなのに、聖体拝領によってさらにご自分のいのちにあずからせてくださる主イエスへの信頼の余韻が感じられます。

　従来の「主よ、あなたは神の子キリスト、永遠のいのちの糧、あなたをおいてだれのところに行きましょう」という式文は、ペトロの信仰告白（ヨハネ6・68-69参照）を適応した日本固有のものでした。第二バチカン公会議前の典礼刷新運動に功績を残したロマーノ・グアルディーニという典礼学者は、その『ミサ聖祭に与るための準備』（1939年）という著書の中で、イエスが「いのちのパン」（ヨハネ6章）について語ったときに離れ去った多くの人々とは対照的に、「わたしたちはだれのところに行きましょうか」と告白したペトロの積極的な態度をもつよう促していました[5]。

　このたび、典礼秘跡省からは、従来の日本固有の信仰告白の式文も認められて、二つのうちのどちらかを選択できるようになっています。百人隊長の謙虚な信仰告白とペトロの積極的な信仰告白の二つの式文を、聖体拝領に向かう心の準備を促してくれる式文として相補的に活用していきたいと思います。

---

5)　ロマーノ・グアルディーニ『ミサ聖祭に与るための準備』アンドレア・ボナツィ訳注、教友社、2018年、177頁と202頁参照。

奉 献 文

具　正謨

奉献文の位置づけ

　奉献文は感謝の典礼の中の一つの要素として位置づけられています。感謝の典礼はイエス・キリストが最後の晩餐で「パン（とぶどう酒の杯）を取り、感謝をささげ、裂いて、弟子たちに与えた」という四つの動作が儀式的に発展したものです[1]。「パン（と杯）を取り」は「供えものの準備」の中で、「感謝をささげ」は「奉献文」の中で、そして「裂いて、与えた」は「交わりの儀」の中で発展していきました。

　最後の晩餐における「感謝をささげ」の祈りは、ヘブライ語では通常「ベラカの祈り」といわれ、イエスの時代のユダヤ教における普段の食事会や過越祭のように特別な意味をもつ食事会のときに、家長が食事の前に神に感謝や賛美を込めてささげる祈りに由来するものです。ベラカの祈りにおける感謝や賛美の主たる内容は、神がご自分の民のためになさった救いのみわざを思い出すことでした。キリスト教は奉献文を儀式的に発展させていく中で、生前のイエスが普段の食事でなさったであろうベラカの祈り、とりわけ最後の晩餐を行うときになさったベラカの祈りとのつながりを強く意識してきました。奉献文のいちばん古いものとしては、3世紀の前半、ローマのヒッポリトの作とされる『使徒伝承』などでその痕跡をたどることができます。

1）「ローマ・ミサ典礼書の総則」72（*Institutio generalis Missalis Romani*）参照。

奉献文の祈りとしての特徴

奉献文の祈りとしての特徴は何よりも、それがさまざまな要素を含んだ統一された一つの祈りであるということ、そして共同体全体の祈りである、ということです。

奉献文の祈りはいくつかの部分（叙唱前の対話句、感謝の賛歌、記念唱、最後の「アーメン」）を除いてほとんど司祭が唱えるので、何となく司祭の祈りのような印象があります。また、叙唱、感謝の賛歌、奉献文本体など、さまざまな要素が混じっているので単一の祈りであるという印象を受けにくいかもしれません。

奉献文が統一された一つの祈りであり、また共同体全体の祈りであるということを明らかに示す例として、奉献文の始まりの対話句（『式次第』31）と最後の「アーメン」（『式次第』98 など）を挙げることができます。奉献文の始まりに司祭と会衆は 3 回対話を交わしますが、その中でもたとえば二番目の対話句の、「心をこめて」〜「神を仰ぎ」では、これから行う祈りは共同体全体が神に心を向ける祈りであることを司祭と会衆が対話をしながら確認します。司祭と会衆が一心同体の姿勢（皆の心を、神を仰ぎながら、こめること）でこの祈りをささげるということです。従来の『ミサ典礼書』では、この箇所を司祭一人が唱えていますが（「心をこめて神を仰ぎ」）、今回の改訂では規範版どおりに対話的に訳すことによって、奉献文の祈りとしての共同体的なダイナミズム（力強さ）が明らかになりました。

また、奉献文の最後では、司祭の長い祈りの後に会衆が「アーメン」と応答しますが、それは「今まで司祭が唱えた祈りはわたしたち共同体全体の祈りです」ということを最終的に確認するものです。これまでは、奉献文を締めくくる栄唱の後半部分「すべての誉れと栄光は、世々に至るまで」から共同体が一緒に唱えていましたが、改訂された訳では、ラテン語規範版に従って会衆の応答を「アーメン」に限ることになりました。それは、会衆の参加を制限する意味ではありません。むしろ、最初の対話句で司祭と会衆が対話を交わしながら会衆が自分たちの祈りを司祭にゆだねたことを、最後まで守るという意味をもっています。そのため「一同は、尊敬と沈黙をもって」（『ローマ・ミサ典礼書の総則』78）奉献文の祈りに積極的に参加するのです。すなわち、共同体の最後の「アーメン」は、その参加が十全なものであったことを明らかにするものになります。

奉献文の神学

　奉献文は、古代末期から中世にかけてさまざまな神学を生んできました。ここでは、聖書の思想に基づいて二つだけを紹介したいと思います。第一に、奉献文は聖書における「想起（ギリシア語でアナムネーシス）」の思想を反映しています。想起とは、旧約の民が神の現存を体験するいちばん大切な祈りのしかたでした。旧約の民は毎日の祈りにおいて、毎週の安息日の祈りにおいて、そして過越祭などの年ごとの祭りでの祈りにおいて、つねに自分の先祖たちに救いのみわざを示してくださった神を思い出しました。それは、過去の出来事を想起することによって、今もなお働いておられる神の恵みの現存を意識し、その信仰体験を深めるためです。

　奉献文の祈りでも同じことが行われます。さまざまな叙唱は、想起の要素をいちばんよく表しています。たとえば、聖人を記念するミサの叙唱においては、「あなたは聖人たちの信仰のあかしによって、いつも教会に新しい力を注ぎ、限りない愛を示してくださ」ることが思い出されます[2]。

　第二に、奉献文は、今、教会共同体が必要とする恵みが聖霊の働きを通して与えられるように嘆願します（ギリシア語でエピクレーシス）。キリスト教の古い奉献文は、共通して二つの嘆願がなされていたことをあかししています。その一つは、今このミサで奉納されたパンとぶどう酒の上に聖霊が注がれ、キリストの御からだと御血となることへの嘆願です。第二奉献文では「いま、聖霊を注ぎ、この供えものを聖なるものとしてください」（『式次第』101）となっています。そしてもう一つの嘆願は、キリストのいのちを拝領する共同体が一致することです。第二奉献文では「キリストの御からだと御血にともにあずかるわたしたちが、聖霊によって一つに結ばれますように」（『式次第』105）となっています。

　実は、この二つの嘆願は密接に結ばれているといえます。パウロは教会のことを「キリストのからだ」として表しました（一コリント12・27）。信者たちは、まずは洗礼を受けることによってそのようになりました（同12・13）。信者たちは、主の晩餐にあずかることによってキリストのからだとして成長していくのですが、それを可能にしてくれるのは聖霊の働きなのです（同12・1-11）。

---

2)　『ミサの式次第』カトリック中央協議会、2022年、269頁。

5　閉　祭

嘉松　宏樹

　ミサは、「ことばの典礼」と「感謝の典礼」という二つの部分からできています。ことばの典礼の舞台は朗読台、主役は聖書です。一方、感謝の典礼の舞台は祭壇、主役は聖体です。ミサを始めるために「開祭」があり、空間でいえば本殿に向かう参道のような役割を果たしています。そしてミサを結ぶのが「閉祭」で、一同はミサから世界に向けて派遣（ミッション）されます。

閉祭の要素

　閉祭には、「お知らせ」「派遣の祝福」「閉祭のことば」「退堂」という四つの要素があります[1]。

お知らせ（「式次第」140）

　「お知らせ」は閉祭の要素です。そのため、感謝の典礼に続いて、すなわち拝領祈願の後に行われます。「ミサの雰囲気を台なしにする」「長い」「印刷して配るだけでいい」といった声を耳にすることもありますが、ミサと生活を結ぶ機会であることを確認しておきたいと思います。「お知らせ」は、ミサが「キリストのからだ（聖体）」に結ばれて「キリストのからだ（教会）」になる場であることを思い出させてくれます。もちろん、「必要に応じた」「短い」ものであるようきちんとした準備が必要です（「ローマ・ミサ典礼書の総則」90(a)）。

　修道院などで共同生活をしていて、情報共有のための他の機会が保証されて

---

1)　「ローマ・ミサ典礼書の総則」90（*Institutio generalis Missalis Romani*）参照。

いる共同体のミサでは「お知らせ」はないでしょう。それ以外の場合、「お知らせ」がなくても済むミサは、会衆のいないミサか、あるいは、だれもいないかのように、司祭も会衆どうしもまったくかかわりを求めないミサということになるでしょう。「お知らせ」がなければいい、と感じるのは、教会のメンバーであることに疲れてしまったサインかもしれません。

　「合理的配慮」という観点から、目の不自由なかたのため、日本語の文字を読むのが難しいかたのために、声にしたことばでの「お知らせ」には意味があります。耳の不自由なかたのため、日本語の聞き取りの困難なかたのために、印刷あるいは掲示されたお知らせにも意味があります。

派遣の祝福（「式次第」141）

　「主は皆さんとともに」「またあなたとともに」という「あいさつ」に続いて行われるのが「派遣の祝福」です。司祭が司式するミサでは、会衆に十字架のしるしを1度しながら「全能の神、父と子と聖霊の祝福が✛皆さんの上にありますように」と唱えます。会衆は「アーメン」と結びます。

　新しい「ミサの式次第」には、司教が司式するミサの「派遣の祝福」の式文が加えられました（「式次第」143）。司教はミトラ（帽子）を着け、手を広げて言います。「主は皆さんとともに」。会衆は答えます。「またあなたとともに」。司教は続けて唱えます。「主のみ名がいつもたたえられますように」。会衆は答えます。「いまよりとこしえに」。司教はさらに続けます。「主のみ名はわたしたちの助け」。会衆は答えます。「主は天地の造り主」。バクルス（杖）を用いている場合、司教はここで受け取り、会衆に十字架のしるしを3度しながら、「全能の神、父と✛子と✛聖霊の✛祝福が皆さんの上にありますように」と唱えます。会衆は「アーメン」と結びます。

　さらに、新しい「ミサの式次第」には、司式者が状況に応じて用いる「荘厳な祝福」と「会衆のための祈願」が掲載されました[2]。ミサだけでなく、ことばの祭儀や「教会の祈り」（時課の典礼）、諸秘跡の祭儀の結びに用いることができるものです。

　「荘厳な祝福」は典礼季節や聖人の祝祭、教会献堂などの機会に応じて任意

---

2)　『ミサの式次第』カトリック中央協議会、2022年、358〜389頁参照。

に用いられるもので、「主は皆さんとともに」「またあなたとともに」という「あいさつ」に続いて行われます。会衆は頭を下げ、司式者が両手を伸べて唱える祝福のことばにそのつど「アーメン」と答えます。最後に、「全能の神、父と子と聖霊の祝福が✛皆さんの上にいつもありますように」ということばで結ばれ、会衆は「アーメン」と唱えます。

「会衆のための祈願」も任意で用いられ、「荘厳な祝福」と同じように行われます。「あいさつ」に続いて会衆は頭を下げ、司式者が両手を伸べて唱える祈願に「アーメン」と答えます。それから、「全能の神、父と子と聖霊の祝福が✛皆さんの上にいつもありますように」ということばに答えて、会衆は「アーメン」と唱えます。

よく知られているとおり、「ミサ」とは「派遣する」ということばに由来しています。もともとは「解散」の宣言だったと考えられていますが、積極的に理解すれば「ミッション」にも通じることばです。日常を離れ居心地のいい（かもしれない）ミサから、面倒で煩わしい（かもしれない）世間に派遣されるのはわたしたちです。この派遣によって教会は世界の隅々にまで存在するようになります。

閉祭のことば（「式次第」144）

「派遣の祝福」が終わると、助祭あるいは司祭が閉祭のことばを述べます。終わりを宣言するのは「感謝の祭儀を終わります」ということばです。これまで用いられていた「ミサ聖祭を終わります」という表現はなくなりました。この祭儀が「感謝」を意味する「エウカリスティア」と呼ばれることが理由です。

また、2005年10月に開催された聖体に関するシノドス（世界代表司教会議）の提言を受けて、2008年に『ローマ・ミサ典礼書』規範版第三版の補遺が発行され、次の表現が選択肢に加えられました。「（感謝の祭儀を終わります。）行きましょう、主の福音を告げ知らせるために」、あるいは「（感謝の祭儀を終わります。）平和のうちに行きましょう。日々の生活の中で主の栄光をあらわすために」。新しい「ミサの式次第」の閉祭のことばはこれを反映したものです。

主の復活の8日間と聖霊降臨の主日には、これまでどおり、閉祭のことばと会衆の答えに「アレルヤ」を加えます。

退堂（「式次第」145）

　すでに実施されているとおり、司式者は開祭のときと同じように、両手で祭壇に触れて深く一礼し、それから祭壇の前で他の奉仕者とともに手を合わせて深く一礼して退堂します。このとき閉祭の歌を歌うこともできます。

6　司式者

梅 村 昌 弘

はじめに

かつて 2014 年 9 月に開催された全国典礼担当者会議のテーマは「自己流の
ミサの司式になっていませんか？――『総則』に則ったミサの司式とは」でし
た。司祭が自戒を込めたようなテーマでしたが、この年の 5 月に教皇庁典礼秘
跡省によって「ローマ・ミサ典礼書の総則」改訂日本語訳が認証された（Prot.
N. 147/14）という背景がありました。2015 年 2 月開催の司教総会決議をもって
早期に実施しても差し支えない箇所については、同年 11 月 29 日の待降節第 1
主日から全国一斉に変更されることになりました [1]。「総則」の変更が実施され
てからすでに 8 年目を迎えています。入堂や退堂のしかたをはじめ新しい「総
則」によって変更された部分については、今日すっかり定着し、なじんでいる
ように見受けられます。今回の新しい「ミサの式次第と奉献文」の変更実施は、
上記の「総則」の改訂を前提とし、またそれを引き継ぐものであることを忘れ
てはなりません。

実施に向けて

司式者にとって式文そのものの変更については、さほど問題はないかと思い
ますが、典礼注記（ルブリカ）に示されている動作や所作あるいは式文の唱え
方については、それなりの準備としかるべき練習が必要かもしれません。

---

1)　日本カトリック司教協議会『新しい「ローマ・ミサ典礼書の総則」に基づく変更箇所
　　――2015 年 11 月 29 日（待降節第 1 主日）からの実施に向けて』カトリック中央協議会、
　　2015 年参照。

動作や所作

「総則」42 では「司祭と助祭および奉仕者の動作と姿勢、ならびに会衆の動作と姿勢」について「個人の好みや自由裁量」に優先させ「共通の姿勢を守る」ことが勧められています。それは「キリスト者共同体の成員の一致のしるし」だからだと、その理由が述べられています。その論拠となる『典礼憲章』26 では「典礼行為は個人的な行為ではなく、教会の祭儀である。教会は『一致の秘跡』、すなわち司教たちのもとに一つに集められ秩序づけられた聖なる民だからである」といわれています。とくに司式者である司祭は、ミサにおけるキリストの秘跡的現存を可能にする役割を担っていることを意識しなければなりません[2]。

手の所作

ミサの初め（「総則」124）、奉献文の初め（「総則」148）、派遣の祝福の直前（「総則」167）にある対話句の「主は皆さんとともに」のときには手を広げて唱えますが、唯一、福音朗読の前では手を合わせたまま唱えます（「総則」134）。本来、福音朗読は助祭固有の役割だからだといわれています。共同祈願のときにも注意が必要です。手を合わせたまま短いことばをもって信者を共同祈願へと招きます。意向が唱えられた後、司式者は手を広げ、祈りを結びます（「総則」138）。

パンとぶどう酒に関する所作

①【パンとぶどう酒を供える祈りのとき】祭壇でパンを載せたパテナを取り、両手で祭壇の上に少し持ち上げ（aliquantulum elevare）、「神よ、あなたは万物の造り主……」と小声で唱えます（「式次第」23）。同様に、カリスを取って両手で少し持ち上げ（parum elevare）、「神よ、あなたは万物の造り主……」と小声で唱えます（「式次第」25）。

②【パンとぶどう酒の聖別の後と拝領前の信仰告白のとき】聖別の後、会衆にパンとカリスを示す（ostendere）とき（「式次第」89、90 など）、また、拝領前に会衆に向かって「世の罪を取り除く神の小羊。……」を唱えるときは（「式次第」132）、目安として目線の高さまで両手で掲げます。これは会衆に顕示する、

2）「ローマ・ミサ典礼書の総則」93（*Institutio generalis Missalis Romani*）参照。

示す所作だからです。

③【奉献文の結びの栄唱のとき】ホスティアを載せたパテナとカリスを取って高く掲げます（elevare）（「式次第」98 など）。ヨハネの福音書では「人の子は上げられなければならない」（ヨハネ 12・34）といわれています。

①から③への段階を追っての高挙は、香の煙が天に向かって立ち昇るような所作となっています。

礼のしかた（「総則」274、275）

礼は、敬意と栄誉を示すための所作ですが、日本では適応として謙遜やへりくだりを示す意味も加えられています。礼のしかたには、頭を深く下げる場合と少し下げる場合の 2 種類があります。典礼注記では大方の場合「深く礼をする」とありますが、少し頭を下げる礼としては、父と子と聖霊の名が同時に唱えられるときや、イエス、マリア、そのミサで祝う聖人の名前に対してなされます。また日本では、回心の祈りのときにも手を合わせて少し頭を下げる適応を採用しています[3]。

式文の唱え方

式文の唱え方の区別については、従来の『ミサ典礼書』への反省をふまえて、改訂版ではラテン語規範版に従って次のような区別をして唱えるようにと典礼注記には明記されています。①唱える（dicere）、②はっきりと唱える（clara voce dicere; acclamare）、③歌う（cantare）、④小声で唱える（submissa voce dicere）、⑤静かに唱える（secreto dicere）[4]。

沈黙の重要性について

かねてより日本では沈黙が大切にされてきました。『典礼憲章』30 では「しかるべきときには、聖なる沈黙を守らなければならない」とあります。これを受けて「総則」45 では「聖なる沈黙も、祭儀の一部として、守るべきときに守らなければならない」とあり、「沈黙の性格はそれぞれの祭儀のどの部分で行われるかによる」とあるので、司式者はその意味をよく理解し、適切な沈黙

3）「ミサの式次第」4 の「回心の祈り　一」の典礼注記を参照。
4）　本書 90〜91 頁参照。

の時間をとるように心掛けなければなりません。さらに「総則」45 はミサの中でのそれぞれの場合を列挙し、「回心の祈りのときと祈願への招きの後には、各人は自己に心を向ける」、「朗読または説教の後には、聞いたことを短く黙想する」、「拝領後には、心の中で神を賛美して祈る」ようにと勧めています。第一あるいは第二も含めて朗読後の沈黙は、ラテン語規範版の「総則」128、130では「適当であれば短い沈黙のひとときをとることができる」とあり、いわゆる「できる規定」ですが、日本では任意ではなく適応として必ずとることになっています（「式次第」10、12）。

終わりに

　司式者としての司祭の奉仕職は、神の民一同の共通祭司職への奉仕であると同時に大祭司キリストの祭司職への奉仕でもあります。二重の意味での奉仕職が司祭の役務的祭司職です。この奉仕を誠実に果たすために司式者である司祭は、つねに「自己流のミサの司式になっていませんか？」と自らに問わなければならないでしょう。

7　会　衆

櫻井　尚明

はじめに

　今回の「ミサの式次第」の変更箇所には、会衆のことばや動作の変更、あるいは会衆のために行う新しいことがあります。これらは、司式者と会衆が一つになって共同体としてのミサをささげるための変更です。ミサのことばや動作は、できるだけ一致した共同体を作り上げるように整えていく必要があるからです。

会衆も司式者とともに

　第二バチカン公会議（1962～65 年）前と後のそれぞれの「ミサ典礼書」を見比べてみると、大きな違いの一つは、公会議前のものにはまったくといっていいほどなかった会衆についての指示が、公会議後のものには数多く見られることです。それだけミサの祭儀において、司祭だけでなく会衆の役割が大切なものとして考えられるようになったのです。「ローマ・ミサ典礼書の総則」95 には次のように書かれています。「ミサの祭儀において、信者は……司祭の手を通してばかりでなく、司祭とともに汚れのないいけにえをささげ、そして自分自身をささげることを学ぶ」。会衆がミサの祭儀に参加するときには、恵みを受けるためだけにそこにいるのではなく、「参加」ということばが「ある目的をもつ集まりに一員として加わり、行動をともにすること」[1]を意味するように、司式者とともに行動するためにそこにいるのです。こうして、共同体としてさ

---

1)　『大辞林 第四版』三省堂、2019 年参照。

さげるミサの祭儀が実現するのです。

　対話句

　共同体としてささげるミサの祭儀のために、大切な役割を果たすのが「対話句」です。これは、「共同の祭儀の外的なしるしであるだけでなく、司祭と会衆との交わりを促し、作り上げる」(「総則」34) からです。今回の変更では次の対話句が大きく変更されています。

　①(司式者) 主は皆さんとともに。(会衆) またあなたとともに。(「式次第」2 など)
　これまでは、司式者の「主は皆さんとともに」ということばに、会衆は「また司祭とともに」と答えていました。日本ではさまざまな典礼儀式で、司祭以外の司式者の場合も、同じように「また司祭とともに」と答えていました。この応答の「司祭」ということばは「祭儀をつかさどる者」という意味なのですが、そのことを知らないと、また知っていても、やはり「司祭」というと「司祭叙階を受けた者」という意味が先に頭に浮かび、司祭以外の司式者の場合にどうしても違和感を抱いてしまうということが指摘されていました。けれども、『ローマ・ミサ典礼書』規範版のラテン語に忠実に「またあなたの霊とともに」とすると、これもまた何かえたいの知れないものを感じさせてしまうということで、最終的に「またあなたとともに」となりました。
　この対話句では、ミサに集まった会衆の中にイエスがともにいてくださることを思い起こすために、司式者は会衆に「主は皆さんとともに」と呼びかけます。それに対して、会衆は司式者にも同じイエスが働いているという意味を込めて「またあなたとともに」と答えます。「またあなたの霊とともに」という規範版のことばは、聖書の考えに基づくものです。聖書によれば、霊はあるものの中にある本質的なものという意味があり、また「霊から生まれたものは霊である」(ヨハネ3・6) とあるように、霊によって新しく生まれたわたしたち人間を意味することもあります。今回の変更では、このような理解をふまえて「またあなたとともに」とされました。この対話句は、同じイエスによって一つになっている共同体を表現し、また確認しているのです。

②叙唱前の対話句（「式次第」31）

規範版では、叙唱前に三つの対話句があります。これまで、日本の『ミサ典礼書』では二つの対話句にまとめられていましたが、規範版のように三つの対話句に変更されました。(1)「（司式者）主は皆さんとともに。（会衆）またあなたとともに」、(2)「（司式者）心をこめて、（会衆）神を仰ぎ」、(3)「（司式者）賛美と感謝をささげましょう。（会衆）それはとうとい大切な務め（です）」。

最初の対話句は、上記①と同じもので司式者と会衆のイエスにおける一致を表現し、確認するものです。二つ目は、司式者が会衆に対して「わたしとともに心を神に向けましょう」と招いていることばです。会衆は「わたしたち（会衆と司式者）は神に心を向けます」という思いで答えます。三つ目は、司式者がこれから始まる奉献文の祈りの意味をまとめることばで、奉献文へ招く呼びかけです。奉献文は感謝と賛美の祈りだからです。会衆はその招きへの賛同を表明するために、「それはとうとい大切な務め（です）」と答えます。

このように、司式者と会衆の一致が、まず一致の確認、そして招きと賛同という対話で作り上げられ、大切な奉献文の祈りに入っていくのです。今回の変更で、対話句が一つ増えることによって、一つになるためのより大きな力を感じることができるようになりました。

会衆のための祈願

『ミサの式次第』には補遺として、多くの「会衆のための祈願」が載せられています[2]。それはミサや他の典礼の結びの祝福の前に、司祭が任意で用いることができる祈りです。ただ、特定の日や機会のミサの祭儀のためのものではなく、一般的な祈りです。

しかし、今回認証された式次第にはまだ含まれていませんが、最新の規範版第三版（2002年）では、四旬節の公式祈願のページに、各主日には義務として、各週日には任意に用いる、それぞれの日に固有の「会衆のための祈願」が新たに載せられました。第二バチカン公会議以前の習慣が戻ってきたのです。四旬節は洗礼志願者とともに信者たちがもう一度洗礼の恵みを深めるときです。その大切な時を過ごす会衆のために、司式者は彼らのために特別に祈るのです。

---

2) 『ミサの式次第』カトリック中央協議会、2022年、379〜389頁参照。

ミサの祭儀で会衆が司式者と一つになってミサに参加することにこたえて、司式者は会衆がミサの祭儀の実りを生活の中で生きることができるようにと、派遣の祝福の前に祈るのです。

終わりに

「教会がミサの祭儀をささげ、ミサの祭儀が教会を作る」といわれます。神と人間との一致、人間どうしの一致のしるしであり、道具である教会は、この共同体としてささげるミサの祭儀から大きな力を得ています。

8 朗読奉仕

石 井 　 祥 裕

信徒の朗読者の役割の意義

　ミサにおける聖書の第一朗読、第二朗読の奉仕に関しては「選任された朗読奉仕者」の奉仕職がある一方で、実際には各共同体それぞれの信徒が担当することがより一般的です。この場合の信徒の奉仕者は端的に「朗読者」と呼ばれます。「ローマ・ミサ典礼書の総則」101 で次のように記されている奉仕職です。「選任された朗読奉仕者が不在の場合、聖書の朗読を行うために他の信徒が任命される。この奉仕者は、この任務を果たすのに真にふさわしい者で、十分に準備されなければならない。それは、信者が神のことばの朗読を聴いて、聖書に対する甘美で生き生きとした愛情を心に抱くためである」。簡潔な表現の中でも聖書朗読の役割の大切さがよく示されています。

　信徒がミサの第一朗読および第二朗読の奉仕に当たることができるという現代のミサの特徴は、すでにその意義が深く実感されていると思います。この奉仕の喜び、それを聴く喜びをわたしたちは十分に味わえているでしょう。また、しばしば聖書朗読の研修が行われ、この役割にふさわしい朗読のしかたもよりいっそう追求されるようになっています。

今回の式次第の変更による朗読者の所作とことば

　このたび、「ミサの式次第」が新たになった中で、朗読者に関する内容の変更はただ一点だけです。簡単にいえば、従来は、朗読が終わった後、奉仕者（侍者）のみが「神に感謝」と唱えていたところを、今回は、朗読者が朗読後に「神のみことば」と唱え、会衆が「神に感謝」と応唱するかたちになったと

いう点です。この部分に生じていた不一致に対して、ラテン語規範版どおりにすることで解決が図られています[1]。この変更の意義を、朗読者の奉仕という面から考えてみたいと思います。

1978 年日本語版の『ミサ典礼書』では、朗読の終わりについて、このように指示されていました。「朗読者は朗読の終わりを示すために聖書に一礼する。奉仕者は『神に感謝』と答える」[2]。ここが新しい「ミサの式次第」10、12 では次のようになります。

> 朗読の終わりを示すため、朗読者は手を合わせてはっきりと唱える。

神のみことば。

> 一同は答える。

神に感謝。

> 続いて、朗読者は聖書に一礼して席に戻る。

> 一同は沈黙のうちに、神のことばを味わう。

今までの聖書に一礼するという所作の前に、手を合わせてはっきりと「神のみことば」と唱えることが、朗読者の新しい役割として加えられたことになります。

聖書朗読は「神のことば」を告げる奉仕

従来のミサでは、奉仕者（侍者）がいないときに代わりに朗読者自身が「神に感謝」と唱えることもあったかと思います。そのやり方の延長として、今度は、朗読者が「神のみことば」と唱えるのだな、と思われるかもしれません。しかし、それに尽きるのではない大切な意味が今回の変更には含まれていることを考えたいと思います。

というのは、本文朗読の後に朗読者が「神のみことば」と唱えることによって、「今、まさしく神のことばが告げられた」という聖書朗読の本質が明確に示されることになるからです。このことは、本文朗読を始める前に朗読者が書名の告知をすることと深く結びつき、響き合っています。「イザヤの預言」「使徒パウロのローマの教会への手紙」などと唱えることで「書かれた神のことば

1）　ことばの典礼全般での変更については本書 16 頁以下を参照。
2）　『ミサ典礼書』カトリック中央協議会、1978 年、533 頁の「ミサの式次第」7。

であるこの文書の指定された箇所を読みます」と宣言し、本文朗読の後で「今、このように神のみことばが告げられました」と宣言することで、聖書朗読の真の姿を朗読者自身が一貫して体現することになるのです。

「書かれたものとして伝えられた神のことばそのものによって、今もなお『神はその民に語る』」[3] といわれるように、聖書朗読を通して、今、神は自ら語りかけてくださいます。

そのようなみことばを伝えるための聖書朗読のしかたについては、「聞き取れる声で、はっきりと、味わえるように読む朗読者の読み方が、何より、朗読によって神のことばを集会に正しく伝えることになる」[4] と指示されています。「聞き取れる声で、はっきりと」読むことは当然として、さらに「味わえるように読む」ためには、なによりも朗読者自身が聖書本文を前もって読んで、その中で神のことばを聴いて味わうという準備が求められることはいうまでもありません。

すべての信者は神のことばの使者

ミサという典礼祭儀における聖書朗読は、単に紙に書かれている文章を、声を出して読み上げることだけではない、ということは十分に実感されていると思います。神のことばの重みと味わいを自らも感じながら朗読することによって、それらはおのずと、しっかりと伝わっていくはずです。聖書朗読は、それ自体が神のことばを聴く奉仕であり、それを公に告げ知らせる奉仕です。この意味合いと責任を新たに意識化するきっかけを、今回の変更はもたらしてくれるのではないでしょうか。そのように受け止め、実践していくことが大切であると思います。

そうすることで、「すべてのキリスト信者は、霊による洗礼と堅信によって神のことばの使者となり、それを聞く恵みを受け、同じ神のことばを、少なくとも生活のあかしによって、教会と世界の中で告げ知らせなければならない」[5] という使命のために、わたしたちは成長していくことができるでしょう。今回の変更が、聖書朗読という奉仕の理解の深まりと実践の充実につながっていくことが期待されます。

---

3)　『朗読聖書の緒言』12（*Praenotanda Ordinis lectionum Missae*）。

4)　同 14。

5)　同 7。

9 祭壇奉仕

宮内　毅

祭壇奉仕に携わる奉仕者

　祭壇奉仕に携わる奉仕者には、司祭や助祭など叙階された奉仕者も含まれますが、本稿では、とくに叙階されていない奉仕者について取り扱います。

　祭壇での奉仕を務める奉仕者としてまず挙げられるのは「祭壇奉仕者」です。「ローマ・ミサ典礼書の総則」98 によれば、「祭壇奉仕者は、祭壇で奉仕し、司祭および助祭を助けるために選任される」ことになっています。

　しかし、司教によって祭壇奉仕者に選任されるのは、多くの場合、司祭叙階を目指している神学生ですので、ほとんどの教会には選任された祭壇奉仕者はいないと思います。その場合、祭壇奉仕者の役割の多くを代わりに担うことになるのは、わたしたちが通常「侍者」と呼んでいる奉仕者になります。

　「総則」では「侍者」という呼び方は使われていないものの、侍者に当たる奉仕者について次のようにいわれています。「選任された祭壇奉仕者が不在の場合、祭壇で奉仕し、司祭と助祭を助けるために信徒の奉仕者を任命することができる。この奉仕者は、十字架、ろうそく、香炉、パン、ぶどう酒、水を運ぶ」（「総則」100）。

　多くの教会では、このような選任されていない信徒の奉仕者（以下、侍者）がおもに祭壇奉仕に携わっていると思いますので、本稿では侍者による祭壇奉仕の内容について見ていきます。

侍者がかかわる祭壇での奉仕

①開祭

「式次第」1によると、ミサの初め「入祭の歌と行列」の部分で、「会衆が集まると入祭の歌を歌う。その間に、司祭は奉仕者とともに祭壇へ行く」となっています。ここでいわれている「奉仕者」の中には、侍者も含まれていると考えられます。そして、このときに侍者は、先ほど引用した「総則」100にもあったように、十字架やろうそく、あるいは香炉なども運ぶことができます。

また、入祭の行列の後の動きについて、「式次第」1には「祭壇に着くと、司祭は奉仕者とともに手を合わせて深く礼をする」とあるので、ここで侍者は司祭とともに手を合わせて祭壇に向かって深く礼をします。さらに、このとき「必要に応じて十字架と祭壇に献香する」と書かれているので、献香が行われる場合に、侍者は献香をする司祭を補助する務めがあると考えられます。

さらに、「総則」274によると、「聖体を安置した聖櫃が内陣にある場合、司祭と助祭、および他の奉仕者は、祭壇に近づくときと祭壇から離れるとき……日本では、……立ったまま手を合わせて深く礼をする」となっているので、侍者も司祭とともに内陣にある聖櫃に礼をすることが求められます。

②ことばの典礼

「式次第」14は「福音朗読の準備」の際に、「献香をする場合、司祭は歌の間に香炉に香を入れる」と指示しています。また「福音の崇敬と朗読」のところでは、「その後、助祭あるいは司祭は朗読台に行く。必要に応じて、香炉と火をともしたろうそくを持つ奉仕者が先導する」（「式次第」15）と述べているので、侍者は司祭が香炉に香を入れる際の手伝いや、香炉と火のついたろうそくを持って福音朗読者を朗読台へと先導する役割を担うことが期待されています。

③感謝の典礼

「式次第」21では、「ことばの典礼が終わると、奉納の歌が始まる。その間、奉仕者は、コルポラーレ、プリフィカトリウム、カリスとパラ、ミサ典礼書を祭壇に準備する」となっています。

多くの教会では、祭具を祭器卓から祭壇に運ぶまでが侍者の役割で、それを祭壇に並べるのは司式者である司祭が行っていると思いますが、ここでは「奉

仕者は……祭壇に準備する」といわれていますから、コルポラーレを祭壇の上に敷くことや、ミサ典礼書の該当ページを開いて祭壇上の適切な場所に置くことも侍者が行えると理解できるでしょう。

そして、司祭が「パンとぶどう酒を供える祈り」をささげた後、「式次第」27 は、「必要に応じて、供えものと十字架と祭壇に献香する。その後、助祭または他の奉仕者が司祭と会衆に献香する」と述べているので、侍者は司祭が香炉に香を入れるのを手伝い、また司祭と会衆に献香する役割を担うことができます。

それから、少し進んで「交わりの儀」の中になりますが、司祭と会衆が平和のあいさつを交わした後、「式次第」128 によると、「一同は平和と一致と愛を示すために、地域の慣習に従って互いにあいさつを交わす。司祭は助祭あるいは奉仕者とあいさつを交わす」ことになっているので、とくに助祭がいない場合、侍者は司祭と平和のあいさつを交わすことが望まれます。

④閉祭

閉祭に関して「式次第」145 は、「退堂」の場面で次のように述べています。「開祭のときと同じように、司祭は祭壇に近づき、両手で祭壇に触れながら深く礼をして表敬する。その後、祭壇の前で奉仕者とともに手を合わせて深く礼をしてから退堂する」。

つまり、入祭のときと同じように、侍者は司祭とともに祭壇の前で手を合わせて深く礼をして、退堂するのです。そして、聖櫃が内陣にある場合は、やはり入祭時と同様に、侍者は司祭とともに聖櫃の前で深く礼をすることになります。

終わりに

本稿では、新しい「ミサの式次第」に明記されている侍者の役割を中心に見てきましたが、侍者の役割をこれだけに限る必要はありません。

侍者の存在と働きはミサをとても豊かにしてくれるものですから、侍者による祭壇奉仕について新しい「ミサの式次第」や「ローマ・ミサ典礼書の総則」などを参考にしながら、それぞれの共同体で考え、話し合い、工夫してみたらいいと思います。

10　音楽に関する奉仕

宮越　俊光

　2022年11月27日（待降節第1主日）から新しい「ミサの式次第と第一〜第四奉献文」等が実施され、ミサの賛歌（ミサ曲）や式次第の旋律も少しずつ公表されています。2020年以降のコロナ禍の間、ミサの中で歌唱することが制限されましたが、最近では少しずつ聖歌が歌われるようになってきました。新しい旋律をすぐに全員で歌うことは難しいかもしれませんが、先唱者や聖歌隊が歌うことはある程度できると思います。奏楽者（オルガニスト）も含めて音楽奉仕に携わる人々の協力は、新しい旋律を導入するために不可欠です。

ミサの前に行う確認事項

　音楽に関する奉仕にあたって必要なおもな確認事項を、ミサの流れに沿って見ておきましょう。

　【開祭】聖歌隊や先唱者がいるなら、回心の祈りはどの形式を用いるのか、いつくしみの賛歌（キリエ）は日本語とギリシア語（キリエ、エレイソン）のどちらを使うのか、栄光の賛歌（グロリア）はだれが歌い始めるのか、などを確認しておきます。

　【ことばの典礼】新しい「ミサの式次第」では、第一（第二）朗読の朗読者は朗読後に必ず「神のみことば」と唱えることになり（「式次第」10、12）、この部分にも旋律が準備されています。朗読者が「神のみことば」を歌うなら、奏楽者は適切なタイミングで朗読者に最初の音を伝えるために、朗読の内容を把握しておかなければなりません。これは、福音朗読のときも同様です（「式次第」16）。また、「式次第」10、12の典礼注記にあるように、第一（第二）朗読

の後には必ず沈黙の時間をとることになりました。朗読が終わったらすぐに答唱詩編やアレルヤ唱（詠唱）を始めるのではなく、適切な間をとるよう心掛けてください。

【感謝の典礼】司式者はパンとぶどう酒を祭壇上に供え、手を清めた後、「皆さん、ともにささげるこのいけにえを……」と招きます（『式次第』29）。これに答える会衆の「神の栄光と賛美のため……」にも旋律がついているので、慣れるまでは先唱者などのリードが必要でしょう。奉献文では、パンとぶどう酒の聖別後、司式者が「信仰の神秘」と唱えるのはこれまでどおりですが、これに答える会衆の応唱が3種類になり（『式次第』91など）、すべて新しい式文と新しい旋律になりました。そのため、どの応唱を用いるかを事前に会衆に伝えておく工夫が必要です。また、奉献文の結びの栄唱（『式次第』98など）では、これまでは「すべての誉れと栄光は……」から会衆が加わることもありましたが、会衆の応唱は「アーメン」のみで統一されました。そのため、奏楽者や聖歌隊の指揮者は注意が必要です。

【閉祭】「感謝の祭儀を終わります」で始まる閉祭のことばが3種類になったので（『式次第』144）、どの式文を用いるのかを打ち合わせておきます。

沈黙の大切さ

第二バチカン公会議（1962～65年）以降、典礼のしかるべき箇所で沈黙を守るよう勧められてきました[1]。教皇フランシスコは典礼における沈黙について、「沈黙は、ことばを発しないことを指すだけでなく、それ以上に、他の声に耳を傾ける準備でもあります。心の声、そして何よりも、聖霊の声です」[2]と説明しています。沈黙はただ黙っている時間ではなく、会衆が典礼に行動的に参加するための一要素であり祈りのひとときです。沈黙の間に音楽奉仕者は次の奉仕の準備をする場合がありますが、一同の沈黙による祈りを妨げない配慮が求められます。

1)　第二バチカン公会議『典礼憲章』30（*Sacrosanctum Concilium*）、「ローマ・ミサ典礼書の総則」45（*Institutio generalis Missalis Romani*）参照。
2)　『ミサ・洗礼・堅信——教皇講話集』カトリック中央協議会、2019年、50頁。

先唱者

新しい「ミサの式次第」とは直接の関係はありませんが、「先唱者」という用語について触れておきましょう。日本では、ミサの解説者（進行係）を先唱者と呼ぶことが多いと思います。厳密にいえば、「ローマ・ミサ典礼書の総則」では、先唱者は「カントール（Cantor）」、解説者は「コメンタトール（Commentator）」と呼ばれ、用語も役割も区別されています。

先唱者は、ある式文を一同に先立って文字どおり先唱するだけでなく、「会衆の歌を指揮し、支え」、「聖歌隊がない場合には、会衆の参加を得て種々の歌を先導する」（「総則」104）役割を果たします。自らも歌うとともに、会衆の歌を導くという音楽面に固有の奉仕と位置づけられています。他方、解説者には、「信者を祭儀に導き、よりよく理解させるために、信者に適宜、簡潔に説明と指示を与える」（「総則」105(b)）役割があります。典礼全体が滞りなく進んでいくように配慮する務めです。

日本では、両者の役割を同一の信徒が兼ねる場合が少なくありません。さまざまな事情でそうせざるをえない場合もあるでしょう。もし別々の信徒が担当できるなら、歌に関する奉仕をする「先唱者」と会衆に適切な指示を与える「解説者」とを、用語のうえでも区別することにも留意したいと思います。

会衆も音楽奉仕者

典礼の中での音楽に関する奉仕は、歌唱や楽器の演奏など、音楽についてある程度専門的な技術をもつ人が担当するものと考えられているかもしれません。では、会衆はミサの中で音楽に関する奉仕をしていないのでしょうか。会衆が一緒に歌う部分では、会衆自体が奉仕者としての役割を果たしているといえないでしょうか。

ミサで歌う部分の選択についてはこう説明されています。「実際に歌う部分を選ぶ場合には、重要性の大きいものの中からまず選ぶべきである。とりわけ、司祭または助祭、あるいは朗読奉仕者（朗読者）が歌うべきもので、会衆が答えて歌うもの、もしくは司祭と会衆が同時に歌うべきものから始めなければならない」（「総則」40）。

新しい旋律の歌唱を始めるにあたっては、ここで指示されているように会衆の応答が伴う部分、たとえば「アーメン」「またあなたとともに」「キリストに

賛美」「神に感謝」など、比較的短く、覚えやすい部分から始めるとよいと思います。さまざまな事情で全員で歌うことが難しい場合、まずは聖歌隊や先唱者が主体となって新しい旋律を歌い、会衆はそれを聴いて新しい旋律に慣れてください。実際に声を発しなくても、聖歌隊や先唱者の歌に心を合わせて祈ることで、音楽に関する奉仕の一端を担うことができるでしょう。

11　新しい出発へ

市 瀬　英 昭

はじめに

　今回の「ミサの式次第」に見られる変更は、第二バチカン公会議（1962〜65年）後、ミサがラテン語から各国語へ変更された場合のような大きなものではありませんが、これまで慣れ親しんでいる言い回しからの変化となると何かと戸惑いがあるかもしれません。

　最後に、根本的な次元で、今回の変更の積極的理解を共有し、ともに新しく出発することができればと思います。

今回の変更箇所——典礼刷新の中での位置づけ

　「信仰は聞くことにより……始まる」（ローマ 10・17）といわれますが、同様に「祈り」も聞くことから始まります。聖書に、教会の伝統に、時代の声に聞くことから、わたしたちの祈りも生まれます。

　2000 年 6 月に始まった『ミサ典礼書』の改訂作業もそのことを念頭に置いてなされてきました。それは、新しい式文に込められている意味の深みをあらためて味わいつつ、ミサのすばらしさを再発見する機会となることを願って[1]行われたささやかな仕事でした。背後に多くのかたがたの隠れた働きと祈りがあります。毎年開催される全国典礼担当者会議で表明された司牧現場の声も反映されています。

　わたしたちは自分自身で恵みや救いを創り出すことはできませんが、神から

---

1)　本書 4 頁参照。

与えられる喜びと恵みを「信仰で受け取る」ための準備をすることはできます。祭儀を用意することの大切さがここにあります。

　自由に働く「聖霊の息吹」を教会も典礼も決して管理することはできません。その息吹に生かされ、つねに刷新されていくのが、教会と典礼のあり方だからです。現在のわたしたちのミサは、歴史の流れの中で、必要に応じていろいろな要素が付加され、聖霊の働きによって刷新されてきました。それは、教会の典礼が、本性上、天の本国（フィリピ3・20参照）へ向かってともに歩む「旅人の典礼」であることを示しています。

　第二バチカン公会議の典礼刷新は、それまでの複雑になっていたミサの式次第を簡素化し、会衆の行動的参加が容易になることを目指しました。その際「教会は、共同体全体の信仰あるいは善に触れないことについては、典礼においても、厳格な画一的形式を強いることを望んでいるのではない」[2]という表現で、典礼の豊かさを制限することのないようにと勧め、「典礼は教会の活動が目指す頂点であり、同時に教会のあらゆる力が流れ出る源泉である」[3]と述べて、典礼の大切さを確認しています。

　今回の「ミサの式次第」の変更もこの刷新の流れの中にあります。

よりよい行動的参加のために

　現行の「ローマ・ミサ典礼書の総則」は、規範版のタイトル（Institutio Generalis）が示すように、祭儀をよりよく祝うための案内書という性格をもっています。そのため、「総則」にはミサに関する規則だけでなく、祭儀の神学的、司牧的意義が記されていますが、今回の変更もいろいろな工夫によって会衆にミサへの行動的参加を促しています。

　大切な行動的参加である「聖なる沈黙」の中にすでに含まれていることですが、典礼において重要なことは「わたしたちが何をするかではなく、神が何をしてくださるかである」といえます。

　開祭やその他の部分で繰り返される「主は皆さんとともに」という司祭の呼びかけは、神の恵みの主導権を示しています。「主」は、ここでは復活の主キリストを指し、一語で信仰宣言となる大切なことばです。

---

2)　第二バチカン公会議『典礼憲章』37（*Sacrosanctum Concilium*）。

3)　同 10。

　会衆の応答については『新しい「ミサの式次第と第一〜第四奉献文」の変更箇所——2022年11月27日（待降節第1主日）からの実施に向けて』16ページの「式次第」2の注に解説がありますが、「このあいさつと会衆の応答によって、ともに集まった教会の神秘が表される」（「総則」50）という理解が前提として大切となります。

　ことばの典礼では、第一（第二）朗読の後に朗読者が「神のみことば」と宣言し、会衆は「神に感謝」と応唱します（「式次第」10、12）。イザヤやパウロという人間の書いたことばが「神のことばになる！」という信仰の受け止めがそこに表現されています。

　信仰宣言の中では「受肉」に言及する箇所で「一同は礼をする」ことになりましたが（「式次第」18、19）、この所作によって、教理のことばは会衆が「からだ」をもって表現する典礼のことばとなります。

　感謝の典礼では、奉納祈願の前の司祭の招きに対して、会衆は「神の栄光と賛美のため……」と応唱しますが（「式次第」29）、これも唯一のキリストのささげ（奉献）に司祭と会衆がともにそれぞれの立場で行動的に参加するという信仰の表明となっています。

　また、叙唱前の対話句は、規範版に従って3組となりましたが（「式次第」31）、対話句最後の「それはとうとい大切な務め（です）」という会衆の賛同の応唱は、奉献文の最後の「アーメン」と同様に、司式者が朗唱する奉献文を共同体の祈りとする働きをしています。

　会衆の聖体拝領前の司祭のことばに「世の罪を取り除く神の小羊」が加わりましたが（「式次第」132）、これは規範版の「見よ、神の小羊。見よ、世の罪を取り除くかた」（直訳）という表現に含まれている、会衆の信仰心へ呼びかける招きのことばです。

　閉祭までのすべての変更は「ともにささげるミサ」への行動的参加のための工夫といえるでしょう。

　終わりに

「聖書を知らないことはキリストを知らないこと」[4] ですが、この聖書を「典

---

4)　聖ヒエロニモ『イザヤ書注解』（*Commentarii in Isaiam*, prol., *Patrologia latinae* 24, 17）。

礼」と言い換えることもできます。聖書のことばが生き生きと働くのは典礼の場で朗読され傾聴されるときだからです。

　教会自身は、密接につながっている「神のことば」と「キリストのパン」という「二つの食卓」によって生かされ、養われますが、その体験は教会内部にとどめておくことはできません。

　2013 年 10 月 20 日「世界宣教の日」にあたってなされた講話の中で、教皇フランシスコは述べられました。「教会の宣教とはいかなるものでしょうか。それは、イエスが世にともした信仰の炎を世に広めることです。信仰とは、父であり、愛であり、あわれみである神への信仰です。キリスト教の宣教の方法は、改宗の強制ではなく、魂を温める炎を分かち合うことです」[5]。

　日本の教会も、善意ある世界の人々とともに「第三の食卓」とのつながりの中で「魂を温める信仰の炎を分かち合う」ミサをともに祝うことができれば幸いです。

5）『教皇フランシスコ講話集 1』カトリック中央協議会、2014 年、206 頁。

補遺 1

いつくしみの賛歌 (キリエ) について

はじめに

市 瀬 英 昭

　聖書や典礼に見られる神についての形容詞「あわれみ深い」と「いつくしみ深い」は、日本カトリック典礼委員会の山下敦委員と石井祥裕委員が以下の解説文で詳細に紹介されるように、非常に豊かな内容を含んでいる大切なことばです。一言では言い尽くせない神のあり方を表現しようとするときに直面する難問に取り組み、理解の方向性を示してくださったお二人に感謝いたします。それは、しかし、わたしたちにとっては幸いな難問です。以下のような豊かな解説に学ぶことで、神のあわれみといつくしみがより深く体験され、わたしたちが、信仰の旅路をともに歩んでいくときの慰めと励ましが与えられるからです。

　聖書学の立場から、山下委員が繰り返し指摘し、最後にまとめているように、この二つの形容詞は分かちがたく結びついています。神のあり方に関して人間のことばでは表現し尽くすことはできない、という限界をまず認める必要があります。神の本質を表現しようとするときに必要な「あわれみ」や「いつくしみ」をはじめ、複数のことばは深く交錯し、強く結びついていることにあらためて目が開かれます。今回の改訂では「あわれみ」から「いつくしみ」へ変更されたというより、後者が選択あるいは導入されたということです。さまざまな限界をもつ人間の貧しいことばによっても、神のあわれみといつくしみに実際に触れ、神に向かって呼びかけることができる、という恵みに感謝したいと思います。

　典礼学の立場からは、石井委員が詳細に報告しています。まず、ミサ中の「キリエ」「グロリア」「サンクトゥス」「アニュス・デイ」が「賛歌」として捉

えられ、式次第における役割や意味が深く考えられるようになった重要性が述べられます。そして、「キリエ、エレイソン」が嘆願から賛美になっていく典礼史の中の経緯が紹介され、この句に嘆願と賛美の両面があることが指摘されます。実際に、新しい式次第の中でもこの二つは二者択一ではなく併用されています。さらに、今回の改訂で「キリエ」の賛歌としての側面に光を当てたことは、今後の諸教会の取り組みにも示唆や刺激を与える斬新で画期的なことであったと述べられています。

　実際に信者が集う典礼は「信仰の神秘の祝い」という祭儀の場であり、講義や研究発表や討論の場ではありません。しかし、「儀式と祈りを通してこの神秘をよく理解」[1] するためには、祭儀の前後に行われる客観的な学びが非常に大切となります。ささやかなシンボルの中に偉大な神秘を深く観るため、ささやかなことばの中に神とキリストの励ましの声を聞き取るため、そして、ともに生きていくための力を受けるために、カテケージス（教理教育）が継続的に行われる必要があるのではないでしょうか。このような学びの場が広がっていき、「教会の活動が目指す頂点であり、同時に教会のあらゆる力が流れ出る源泉である」[2] 典礼祭儀の重要性がますます実感されることが期待されます。

1)　第二バチカン公会議『典礼憲章』48（*Sacrosanctum concilium*）。

2)　同 10。

聖書学の立場から

山下　敦

聖書における限界

　いつくしみの賛歌（キリエ）の聖書的な由来はどこにあるのかといえば、ま
ず、福音書の中で「キリエ、エレイソン」とほぼ同じことばを言った人のこと
が頭に浮かんでくるのはごく自然なことだと思います。「主よ（キリエ）」また
は「ダビデの子よ」などのタイトルとともに、さまざまな意味で窮地に立たさ
れている人がイエスに助けを求めて言ったことば（マタイ 9・27、15・22、20・30、
31、マルコ 10・47、48、ルカ 17・13、18・38、39 など）です。これらにはおもに嘆願
の意があるので、どの日本語訳の聖書においても「（主よ／ダビデの子よ、）あ
われんでください」のように訳されています。しかし、ここで問わなければな
らないことは、ミサという典礼におけるいつくしみの賛歌（キリエ）の由来が
これらのみかということです。答えは当然、そうではありません。福音書のあ
る一部の箇所から限定的に引用されたわけではありませんし、また、新約聖書
全体にも「いつくしみ」と「あわれみ」に関係する、または、そのように訳さ
れることばがたくさんあります。合わせて、「キリエ、エレイソン」がもとも
とギリシア語だからといって、新約聖書のみにこの賛歌の由来があるわけでも
ありません。何より、新約のギリシア語が、その意味や意義、そして解釈と併
せて踏襲した旧約のヘブライ語には、もっと広い「いつくしみ」と「あわれ
み」の概念やそれらに関係する用語がたくさんあり、新約のギリシア語同様、
または、それ以上に複雑に絡み合っています。ですから、聖書全体からの「い
つくしみ」と「あわれみ」に関する考察が必要になります。いうまでもなく、
それは広範囲に及ぶ膨大な作業です。また、ここでは日本語への訳の難しさも

ふまえておかなければなりません。聖書の原文そのものの中に「いつくしみ」と「あわれみ」の非常に強い結びつきと複雑な関係性がありますから、それらをどのような日本語に訳すかは、ある意味で永遠の課題であり、とても難しいことです。近代の聖書学の発展によってさまざまな考察がなされ、神のことばの理解も進んできたとはいえ、「いつくしみ」、「あわれみ」の概念の定義や理解、また、それにふさわしい日本語への訳は終わることのない課題なのです（ただし、それは、時の流れの中で発展する神のことばのより深い理解と解釈という肯定的な側面の裏側でもあります）。

　結論からいえば、聖書そのものに「いつくしみ」と「あわれみ」に関する終わりのない考察の課題、およびその訳の難題がある以上、聖書そのものから、典礼で使われる用語として「いつくしみ」か「あわれみ」かの最終的かつ決定的な答えを出すことはできないということです。

　ですから、より注目されなければならないのは、たとえ「いつくしみの賛歌」の文言が聖書に端を発してはいても、むしろ、「キリエ、エレイソン」が典礼とその歴史の中でどのように作り上げられていったかという点です。典礼史の中でどのように使われ始め、どのように理解され、唱えられ、あるいは歌われるようになっていったか、そのプロセスと付加されていった意味、意義について考えるのは、単に、今回の新しい日本語ミサ式次第の文言の選択とその説明のためのみならず、聖書と典礼を総合的にかつ幅広く見直し、両者をより深く理解するためにとても大切で有意義なことだと思います。

　これらを明確にしたうえで、聖書の原文の中で「いつくしみ」と「あわれみ」がどのように描かれ、日本語に訳されているかについて具体的に考察していきたいと思います。

旧約聖書

　上述した「いつくしみ」と「あわれみ」の概念が複雑に絡み合っているのは、旧約のヘブライ語においてとくに顕著です。一般的に、古代語にさかのぼればさかのぼるほど、語数が少なくなります。昔は存在しているものの数が少なかったからです。それは、一つのことばが後代のことば、たとえば、現代語でいうところのさまざまな意味をもつということになります。当然、ギリシア語よりも古いヘブライ語には、この「一語が意味することが多い」という事実があ

ります。これに加え、聖書における、とくに「訳」としての「いつくしみ」、「あわれみ」に関しては、それが何より「神の本質（特性）」を表すことばゆえ、一言ではとても言い尽くせないという、訳本来の問題が現れます。不完全な人間のことばで神の現実、しかも本質に当たるものを一言で表すことなどできるはずがありません。このような難しさをふまえたうえで、今回、ミサの式文中に「いつくしみ」ということばが採用されたことの聖書的論拠のいくつかを以下に示したいと思います。

　旧約聖書において、「いつくしみ」や「あわれみ」と訳される代表的な2語は「ラハミム」と「ヘセド」です。これらを語幹[1]とする他の形容詞や動詞も合わせて、それらすべてを引用し、そこから典礼上の「キリエ、エレイソン」を考えるのは、膨大になりすぎ不可能なので、この2語が併用されている箇所のいくつかを中心に考察してみましょう[2]。

　まず、典型的な例の一つに出エジプト34・6-7が挙げられます。

　　　主は彼の前を通り過ぎて宣言された。「主、主、①憐れみ深く②恵みに富む神、忍耐強く、③慈しみとまことに満ち、幾千代にも及ぶ③慈しみを守り、罪と背きと過ちを赦す。しかし罰すべき者を罰せずにはおかず、父祖の罪を、子、孫に三代、四代までも問う者。」（新共同訳）

　ヘブライ語原文では、①「憐れみ深く」はラハミムの形容詞形（以下、同じ語幹の語は「ラハミム」に統一する）、②「恵みに富む」はハナン（恵み）の形容詞形（以下、同じ語幹の語は「ハナン」に統一する）、③「慈しみ」（2回）はヘセドです。また、「慈しみ」とよく一緒に使われる「まこと（エメット）」があることにも注目する必要があります。ここでは、上述したように、いつくしみとあわれみの概念が併用されており、忍耐強さやまことという他の本質も加えられていて、神の現実がよく描写されています。

---

1)　用語の人称語尾や活用語尾等を取り除いた、変化しない部分。
2)　以下、日本聖書協会『聖書 口語訳』（1955年）を口語訳、日本聖書協会『聖書 新共同訳』（1987年）を新共同訳、新日本聖書刊行会訳『聖書 新改訳2017』（いのちのことば社、2017年）を新改訳2017、フランシスコ会聖書研究所訳注『聖書』（サンパウロ、2011年）をフランシスコ会訳と表記する。各引用中の番号は筆者による。

ネヘミヤ9・17もほぼ同様です。

　　あなたは罪を赦す神。①恵みに満ち、②憐れみ深く／忍耐強く、③慈しみ
　　に溢れ／先祖を見捨てることはなさらなかった。(新共同訳)

　ここでも、①「恵み（ハナン）」、②「憐れみ深く（ラハミム）」、③「慈しみ
（ヘセド）」が並列されており、また「忍耐強く」も上と同じように使われてい
ます。
　「いつくしみ」と「あわれみ」が併用される例は、旧約の祈りである詩編に
なるとより顕著です。新共同訳の日本語を基準にすると、八つの詩編で併用さ
れています。
　その中の一つ、詩編103・8を見てみます。

　　主は①憐れみ深く、②恵みに富み／忍耐強く、③慈しみは大きい。(新共同
　　訳)

　①「憐れみ深く（ラハミム）」、②「恵みに富み（ハナン）、③「慈しみ（ヘ
セド）」、そして「忍耐強く」も併用されています。この詩編でも、神の本質を
表現するため、上と同様、複数のことばが使われています。
　次に、詩編86・15を見てみます。

　　主よ、あなたは①情け深い神／②憐れみに富み、忍耐強く／③慈しみとま
　　ことに満ちておられる。(新共同訳)

　③「慈しみ」の原語ヘブライ語は上と同じヘセドですが、①「情け深い」と
訳されているのはラハミム、②「憐れみに富み」と訳されているのはハナンで
す。つまり、これまで「憐れみ深い」と訳されていたラハミムが「情け深い」、
そして、「恵みに富み」と訳されていたハナンが「憐れみに富み」と訳されて
います。ラハミムとハナンには共通する概念があることが分かります。
　なお、新改訳2017の同じ箇所を見てみると、以下のように訳されています。

　　しかし主よ／あなたは②あわれみ深く　①情け深い神。怒るのに遅く／③
　　恵みとまことに富んでおられます。（新改訳 2017）

　ここでも「あわれみ深く」と訳されているのはハナンです。また、これまで
の例で「慈しみ」と訳されていたヘセドは、ここでは③「恵み」と訳されてい
ます。ヘセドとハナンにも共通する概念があるといえます。
　次に、詩編 77・10 を見てみます。

　　神は①憐れみを忘れ／怒って、②同情を閉ざされたのであろうか。（新共同
　　訳）

　原語のヘブライ語はそれぞれ、①「憐れみ」はハナン、②「同情」はラハミ
ムです。ここでは、通常、「恵み」などと訳されるハナンが「憐れみ」、通常
「あわれみ」などと訳されるラハミムは「同情」と訳されています。ここでも、
ハナンとラハミムの共通性が見えます。
　フランシスコ会訳聖書の同じ箇所は、以下のように訳されています

　　神は①憐れみを忘れ、／怒りのあまり②慈しみの心を閉ざされたのだろう
　　か。（フランシスコ会訳）

　①「憐れみ」はハナンですが、②「慈しみ」はラハミムです。ラハミムが
「慈しみ」と訳されることもあります。
　また、新改訳 2017 では以下のとおりです。

　　神は　①いつくしみを忘れられたのか。／怒って　②あわれみを閉ざされ
　　たのか。（新改訳 2017 では 9 節）

　ここではハナンが①「いつくしみ」と訳され、ラハミムが②「あわれみ」と
訳されています。
　また、詩編 51・3 を見てみると、

　　神よ、わたしを①憐れんでください／②御慈しみをもって。／深い③御憐
　　れみをもって／背きの罪をぬぐってください。（新共同訳）

と訳され、②「御慈しみ」はヘセド、③「御憐れみ」はラハミムですが、①
「憐れんで」と訳されている原語ヘブライ語は「ハナン」です。
　新改訳2017の同じ箇所では、以下のとおりです。

　　神よ　私を①あわれんでください。／あなたの②恵みにしたがって。／私
　　の背きをぬぐい去ってください。／あなたの豊かな③あわれみによって。
　　（新改訳2017では1節）

　①「あわれんで」はハナン、③「あわれみ」はラハミムですが、今度はヘセ
ドが②「恵み」と訳されています。
　フランシスコ会訳の同じ箇所は、以下のとおりです。

　　神よ、②慈しみによって、わたしを①顧み、／豊かな③憐れみによって、
　　わたしの咎を消し去ってください。（フランシスコ会訳）

　ハナンは①「顧み」、ヘセドは②「慈しみ」、③ラハミムは「憐れみ」となっ
ています。このように、詩編51・3の訳を見ると、ハナン、ヘセド、ラハミム
の概念がいかに交錯しているかが分かります。
　最後に、詩編6・5を見てみます。

　　主よ、立ち帰り／わたしの魂を助け出してください。／あなたの①慈しみ
　　にふさわしく／わたしを救ってください。（新共同訳）

　　主よ　帰って来て／私のたましいを助け出してください。／私を救ってく
　　ださい。あなたの①恵みのゆえに。（新改訳2017では4節）

　新共同訳では①「慈しみ」、新改訳2017では①「恵み」と訳されているの
はヘセドです。

　少し整理して考えてみます。上に挙げた詩編の例から、まず、一般的に「あわれみ」の意で訳されるラハミムと、同じく一般的には「恵み」の意で訳されるハナンの概念は、深く交錯していることが分かります。このハナンというヘブライ語は「恵み」、「恵む」という基本的概念をもっており、通常、それに関係することばで訳されます。しかし、上の例（詩編51・3）で「憐れんでください」と訳されているように、神の与える恵み、または、神が恵むという行為が、それぞれ「あわれみ」、「あわれむ」と捉えられていることが分かります。次に、通常、「いつくしみ」の意で訳されるヘセドも「恵み」として訳され（詩編86・15）たり、また、通常、「恵み」の意で訳されるハナンも「いつくしみ」と訳され（新改訳2017の詩編77・9）たりするわけです。上記のことから、神の本質を描写するときに用いられる代表的なラハミム、ハナン、ヘセドは、強く結びついた概念をもった語であることが分かります。旧約のヘブライ語が、複数のことばを並べて神の本質に触れるのは、当然、人間の不完全なことばでは神の現実を表すことができないからです。このような旧約のヘブライ語の現実があるので、初めに述べたとおり、それを日本語へ翻訳するのは非常に難しい問題で、訳語は聖書神学と聖書翻訳が発展していく中でたえず変化し続けていくものです。

　なお、旧約ヘブライ語における「いつくしみ」と「あわれみ」の考察のために詩編から多数引用した理由は、詩編がユダヤ教の祈りであり、典礼的要素をもつ書だからです。当然、カトリック教会のミサという最高の典礼における「いつくしみの賛歌」に通ずるところが多くあります。詩編がユダヤ教の祈り（典礼）であるという点から考えたとき、新共同訳が詩編の中で訳として用いた「慈しみ」の数は、「憐れみ」よりもはるかに多いということからも、カトリックの典礼で用いられる用語としての「いつくしみ」の選択には一つの意味があるといえると思います。

新約聖書

　冒頭で述べたように、福音書（ギリシア語）の中に「キリエ、エレイソン」とほぼ同様の表現があります。エレイソンとはエレーオーという動詞の命令形ですが、このことばの語幹から発生している語には、エレオスやエレーモスネという名詞、エレーモンやエレエイノスという形容詞などがあります。この語

幹をもつ語は使われている頻度から見ても、新約聖書のギリシア語において、「いつくしみ」や「あわれみ」を示す代表的なことばです。もう一つ有名なのはスプラングニゾマイという動詞で、この語は元来、「内臓」、「はらわた」を表すスプランクナに、動詞形にする語尾のついたことばで、その意味が示すとおり、内臓が揺り動かされるほどの、相手（とくにその痛み苦しみ）への共感と、それによる居ても立っても居られない強い感情を意味しています。ところで、新約において、上で語ったような旧約における神の「いつくしみ」や「あわれみ」をこれ以上ないかたちで具現化するのは、イエス・キリストご自身です。そして、確かに、新共同訳では、福音書におけるイエス・キリストご自身の言動、または、イエスに助けを願う人たちの嘆願の場合、これらはほぼ「憐れみ、憐れむ（憐れに思う）、憐れみ深い」などと訳されています。

　ただし、新約聖書全体を眺めてみると、「いつくしみ」や「あわれみ」を表す別のことばがあります。一つは、クレストテス（名詞）、クレストス（形容詞）で、もう一つはオイクティルモス（名詞）、オイクティルモン（形容詞）、オイクテイロー（動詞）です。

　名詞や形容詞などことばの形にかかわらず、これらを 2 語として捉えて、これらの用語が使われている箇所を見ていきます。

　まず、クレストスという形容詞は、新改訳 2017 の一ペトロ 2・3 で「いつくしみ深い」と訳されています。

　　あなたがたは、主がいつくしみ深い方であることを、確かに味わいました。
　　（新改訳 2017）

次に、ルカ 6・35-36 を見てみます。

　　「……いと高き方は、恩を知らない者にも悪人にも、①情け深いからである。あなたがたの父が②憐れみ深いように、あなたがたも②憐れみ深い者となりなさい。」（新共同訳）

イエスが神（いと高きかた）について話している箇所ですが、①「情け深い」と訳されているのはクレストス、②「憐れみ深い」と訳されているのはオ

イクティルモンです。ルカはいつくしみ（あわれみ）の神を一つの重要な主題として自身の福音書を書いています。その中でエレーオーもスプラングニゾマイも使っていますが、ここでは、これらと違うことばを使って神の本質に触れているのは興味深いことです。また、旧約にあったのと同じように、神について話すとき、同じような意味をもつ二つの語が並列されていることも注目に値します。これらをふまえると、神の本質を表す「いつくしみ」や「あわれみ」は、新約のギリシア語においても1語ではなく複数のことばに頼らなければ表せないことが分かります。

　また、クレストテス（名詞）とオイクティルモス（名詞）はコロサイ3・12でも使われています。

　　あなたがたは神に選ばれ、聖なる者とされ、愛されているのですから、①憐れみの心、②慈愛、謙遜、柔和、寛容を身に着けなさい。（新共同訳）

　　ですから、あなたがたは神に選ばれた者、聖なる者、愛されている者として、①深い慈愛の心、②親切、謙遜、柔和、寛容を着なさい。（新改訳2017）

　　ですから、あなた方は神に選ばれた者、聖なる者、愛されている者として、①思いやりの心、②親切、へりくだり、優しさ、広い心を身にまといなさい。（フランシスコ会訳）

　新共同訳では①「憐れみ」、新改訳2017では①「（深い）慈愛」、フランシスコ会訳では①「思いやり」と訳されているのはオイクティルモスです。この語があわれみだけでなく、慈愛（＝いつくしみ）や思いやりという意味ももっているということです。また、クレストテスも新共同訳では②「慈愛」と訳されていますが、新改訳2017、およびフランシスコ会訳では②「親切」と訳されています。訳を見て分かるとおり、これら二つのことばの概念は互いに交錯しています。

　また、新共同訳では、①「憐れみ」と②「慈愛（いつくしみ）」が並列しています。この節は確かに、パウロによるコロサイの信徒への勧告の一部で、直

接的に神の現実に触れられているわけではありません。ただ、パウロはこの後、
「主が……してくださったように、あなたがたも同じようにしなさい」（コロサ
イ3・13参照）と言って、主に倣うように説得していますから、間接的には神の
現実に触れているといえるでしょう。総合的に考えると、やはり、神の現実を
表すのに複数のことばが必要なこと、また、それらが概念として互いに共通す
るものをもち、強く結びついていることは明らかです。
　また、クレストスはエフェソ4・32でも使われています。

　　　互いに①親切にし、②憐れみの心で接し、神がキリストによってあなたが
　　　たを赦してくださったように、赦し合いなさい。（新共同訳）

　　　互いに①親切にし、②優しい心で赦し合いなさい。神も、キリストにおい
　　　てあなたがたを赦してくださったのです。（新改訳2017）

　　　互に①情深く、②あわれみ深い者となり、神がキリストにあってあなたが
　　　たをゆるして下さったように、あなたがたも互にゆるし合いなさい。（口
　　　語訳）

　　　そして、互いに①親切にし、②慈しみの心をもって、心から赦し合う者と
　　　なりなさい。神も、キリストに結ばれたあなた方を心から赦してくださっ
　　　たのです。（フランシスコ会訳）

　新共同訳、新改訳2017、フランシスコ会訳では、クレストスは①「親切に
し」と訳されていますが、口語訳では「情深く」と訳されています。また、新
共同訳では②「憐れみの心」、新改訳2017では②「優しい心」、口語訳では②
「あわれみ深い」、フランシスコ会訳では②「慈しみの心」と訳されているギリ
シア語は、スプラングニゾマイと同じ語幹をもつエウスプラングノスという形
容詞です。スプランクナの語幹をもつこの語は通常、「あわれみ」と訳されま
すが、「優しさ」や「慈しみ」の概念ももっているということでしょう。
　似た意味をもつ二つのことばが並列されていること、そのうえ、同じギリ
シア語でも各聖書の訳に違いがあることで、神の本質を表すことばには深くさま

ざまな意味があることも分かります。ただ、この節も上の例（コロサイ3・12）と同じで、パウロが直接的に神の現実について語っているわけではありませんが、このすぐ後、「神が……してくださったように……しなさい」、また、「神に倣う者となりなさい」（エフェソ5・1）と言って、神を模範として生きるように勧告しているので、その意味で、神の現実に触れていることになります。

　次に、ヤコブ5・11を見てみます。

　　　主は①慈しみ深く、②憐れみに満ちた方だからです。（新共同訳）

　　　主は①慈愛に富み、②あわれみに満ちておられます。（新改訳2017）

　　　主は①慈悲深く、②憐れみに満ちておられるのです。（フランシスコ会訳）

　①「慈しみ深く」（新共同訳）の原語ギリシア語はポリュスプラングノスで、スプラングニゾマイと同じ語幹、スプランクナに「多く、たくさん」を意味するポリュという接頭語がついている形容詞です。この語幹をもつ語が「いつくしみ」の概念をもち合わせていることが分かります。

　②「憐れみに満ちた」（新共同訳）はオイクティルモンです。コロサイ3・12で「憐れみ」（新共同訳）や「慈愛」（新改訳2017）と訳されているオイクティルモスと同じ語幹をもちます。スプランクナの語幹をもつ語とオイクティルモンがもつ共通の概念が分かります。そして、やはり、神の本質が描写されているこの箇所でも、複数のことばが使われています。

　次にエレーオーが使われているローマ9・15を見てみます。

　　　神はモーセに、／「わたしは自分が①憐れもうと思う者を①憐れみ、／②慈しもうと思う者を②慈しむ」／と言っておられます。（新共同訳）

　①「憐れむ」と訳されているのはエレーオー、②「慈しむ」と訳されているのはオイクテイロです。「あわれみ」と「いつくしみ」が並列されています。

　同じような例がフィリピ2・1にもあります。

そこで、あなたがたに幾らかでも、キリストによる励まし、愛の慰め、
〝霊〟による交わり、それに①慈しみや②憐れみの心があるなら、……（新
共同訳）

ですから、キリストにあって励ましがあり、愛の慰めがあり、御霊(みたま)の交わ
りがあり、①愛情と②あわれみがあるなら、……（新改訳2017）

　新共同訳では①「慈しみ」、新改訳2017では①「愛情」と訳されているの
はスプランクナという名詞ですから、この語もいつくしみや愛情の概念を併せ
もつということでしょう。②「憐れみ（あわれみ）」と訳されているのはオイ
クティルモスです。そして、ここにも、「いつくしみ」と「あわれみ」の併用
があります。
　このオイクティルモスは二コリント1・3でも使われています。

　わたしたちの主イエス・キリストの父である神、①慈愛に満ちた父、慰め
　を豊かにくださる神がほめたたえられますように。（新共同訳）

　①「慈愛に満ちた」と訳されているのが、オイクティルモスです。ここで注
目したいのは、これがパウロの賛美のことばだということです。「あわれみ」
の概念ももつオイクティルモスですが、賛美の形式では「慈愛（いつくしみ）」
とも訳せる例だと思います。
　ここまで、新約聖書で「いつくしみ」、「あわれみ」を意味する代表的なこと
ば、エレーオーとスプラングニゾマイのほかに、それらを意味するクレストス
とオイクティルモンが使われている箇所を中心に見てきました。「いつくし
み」や「あわれみ」の概念が新約聖書全体においてどのように描かれているか
を見ると、やはり、これらの概念が共通する部分をもち、互いに強く結びつい
ていることが分かります。これは、旧約聖書からの考察においても再三述べた
ことです。

　結論
何度も述べてきましたが、「いつくしみ」－「あわれみ」の概念をもつ語は、

旧約のヘブライ語、新約のギリシア語の双方において複数あり、また、それらは密接に結びついています。聖書関係のほぼすべての辞典が神の「いつくしみ」と「あわれみ」の概念を説明する際、この 2 語とそれに関係する語を補完的に用いながら説明している事実もこのことを強く証明しています。

　結論として、聖書において、神の本質である「いつくしみ」−「あわれみ」を表すこれらの語の意味や概念、そして訳は、一つに定めることはできず、1 語のみを訳語として使うことは不可能です。それらの語が共通する概念をもち、互いに結びついていること、そして、何より、人間のことばが神の現実を表すのには到底及ばないという限界を謙虚に受け入れる必要があります。

　これらをふまえると、典礼における賛歌としての起源や、歴史的に付加されていった意味や意義をより重要視しながら、訳語、ならびに典礼用語としてどの語を使うかが決定されるべきだと思います。

2　典礼学の立場から

石井　祥裕

はじめに——「いつくしみの賛歌」への改訂

　今回の新しい「ミサの式次第」では、これまで文語体であった四つのミサの賛歌が口語を基調とする本文に改められました。とくに「あわれみの賛歌」が「いつくしみの賛歌」へと呼称も変わり、これまでの「主よ、あわれみたまえ」という文言が「主よ、いつくしみを」あるいは「主よ、いつくしみをわたしたちに」という表現になりました。関連して「栄光の賛歌」「平和の賛歌」の中の「われらをあわれみたまえ」という文言も同様に「いつくしみをわたしたちに」という表現になっています。これらは、会衆が唱え歌う部分における変更として、大きく注目されるところです。

　「あわれみの賛歌」から「いつくしみの賛歌」への改訂について、『新しい「ミサの式次第と第一〜第四奉献文」の変更箇所——2022 年 11 月 27 日（待降節第 1 主日）からの実施に向けて』では、次のように述べられています。「この賛歌がもつ、いつくしみに満ちた主をほめたたえるという特徴をふまえ、現行版の『あわれみ』を『いつくしみ』に変更しました。また、口語訳の『いつくしんでください』は、賛歌として歌う場合、冗長な印象を与えるので、『いつくしみを』で結ぶこととし、会衆のことばに『わたしたちに』が加えられて主に対する嘆願が表されています」[1]。

　たいへん短い説明でしたが、2021 年 10 月以降、各教区で実施された説明会

---

1)　日本カトリック典礼委員会編『新しい「ミサの式次第と第一〜第四奉献文」の変更箇所——2022 年 11 月 27 日（待降節第 1 主日）からの実施に向けて』カトリック中央協議会、2021 年、24 頁の「式次第」7 の注。

でも、この点については疑問が寄せられることもなく、その趣旨はよく了解されてきています。他方、新しい式次第の実施が近づくころから、多少とも違和感を覚えるという感想や、改訂の理由をもっとよく知りたいといった要望も寄せられています。そこで、ここでは、「いつくしみの賛歌」をはじめ、関連する範囲でのミサの賛歌の新しい本文について、説明を補うこととします。

ミサの賛歌の国語化の歩み
①持ち越された課題としての賛歌の口語化

　このたびの、新しい「ミサの式次第」の実施は、第二バチカン公会議（1962〜65 年）後の典礼刷新に対応する日本語による式次第・式文づくりの新しい一歩を意味しています。同公会議後、各国語で典礼がささげられるようになった中、日本では、式文の基調を文語体ではなく、口語体の日本語にするという重大な決定がなされました。ただし、当初はいくつか文語体の式文も残されました。1978 年に発行された『ミサ典礼書』の段階では、主の祈りもニケア・コンスタンチノープル信条も文語体でした。これらについてそれぞれ、口語訳が作られ、順次ミサにも導入されてきたことは周知のとおりです[2]。

　それに対して、これまで『典礼聖歌』で「ミサ曲」と総称されている四つの賛歌、「あわれみの賛歌」「栄光の賛歌」「感謝の賛歌」「平和の賛歌」は、依然、文語体のことばで歌われ、唱えられてきました。今回の四つの賛歌の本文改訂は、持ち越された口語化の課題に取り組まれた成果ということになります。

②長年の文語詞の「あわれみたまえ」

　今回「いつくしみの賛歌」（キリエ）となった賛歌（1978 年版以来の「あわれみの賛歌」）について見ると、長年親しまれてきた文語体の訳「主よ、あわれみたまえ」は、古くから日本の教会で知られていたものでした。第二バチカン公会議前に出されていたいくつかのミサ典書（ラテン語でミサがささげられていた時代、日本語訳を示して意味を理解する助けとして発行されていた書）では、おおむね「主、あわれみたまえ」という訳になっていました。たとえば、

---

[2]　主の祈りは2000 年より日本聖公会との共通口語訳を使用。なお、2017 年、ルーテル教会も同じ本文を採用。ニケア・コンスタンチノープル信条は 2004 年より現行口語訳を使用。同年、使徒信条も従来訳を新しい現行の口語訳に改訂。

フェデリコ・バルバロ訳編『毎日のミサ典書』（ドン・ボスコ社、1955 年）では、「求憐誦（キリエ）」という表題のもと、「主、あわれみ給え。主、あわれみ給え。主、あわれみ給え。／キリスト、あわれみ給え。キリスト、あわれみ給え。キリスト、あわれみ給え。／主、あわれみ給え。主、あわれみ給え。主、あわれみ給え」と訳されています。当時の文言構成に基づく、主に 3 度、キリストに 3 度、主に 3 度、「エレイソン」と唱えるその当時の本文の訳です[3]。

　第二バチカン公会議後の刷新で、この賛歌は、主に 2 度、キリストに 2 度、主に 2 度「エレイソン」つまり「あわれみたまえ」を告げるものとなり、1978 年版『ミサ典礼書』の「あわれみの賛歌」は、ご存じのように「主よ、あわれみたまえ。主よ、あわれみたまえ。／キリスト、あわれみたまえ。キリスト、あわれみたまえ。／主よ、あわれみたまえ。主よ、あわれみたまえ」となっています。以前の訳と違い、主については「主よ」とし、「キリスト」については「キリストよ」ではなく「キリスト」だけとなっているのは、日本のカトリック教会における国語典礼文起草の方針によるものです。「主」「神」「父」のような短いことばには、呼びかけのとき「よ」を入れるが、「キリスト」のような長いことばには「よ」をつけない、という、その原則は今回の改訂においても踏襲されています[4]。

---

3)　ほかの例として、チト・チーグレル訳『彌撒典書』（光明社、1953 年）では、「キリエ Kyrie」という表題のもと「主、憐み給へ。▲主、憐み給へ。主、憐み給へ。／キリスト、憐み給へ。▲キリスト、憐み給へ。キリスト、憐み給へ。／主、憐み給へ。▲主、憐み給へ。主、憐み給へ」。また、長江惠訳『主日・祝日用　ミサ典禮書』（エンデルレ書店、1960 年）では、「キリエ（思慕）」という表題のもと「主、あわれみ給え。主、あわれみ給え。主、あわれみ給え。／キリストあわれみ給え。キリストあわれみ給え。キリストあわれみ給え。／主、あわれみ給え。主、あわれみ給え。主、あわれみ給え」。

4)　この原則的方針については 1968 年段階の典礼委員会の説明記録があり、当時、同委員会秘書であった土屋吉正師の次のような解説が参考になる。「今回の改訂では、今までのこのような歴史的経過と経験が考慮され、前に述べたように回心の祈りから自然に有機的に続く賛歌として考えられるようになりました。また、過度の反復を避け二回ずつになりましたが、従来の曲を使う場合に三回ずつ歌うこともでき、他の歌詞が加えられているものを使うことも認められています。日本の教会でもこの主旨に従って、従来三回くり返すように作られた曲は、三回くり返して歌うこともでき、また『主よ』の『よ』のないものや、『キリストよ』の『よ』のあるものも使うことができます。しかし新しく作る場合には、奉献文や祈願などの国語典礼文の一般方針に従って、『主』『神』『父』のような短いことばには、呼びかけの時『よ』を入れますが、『キリスト』のような長いことばには『よ』

　いずれにしても、公会議前から、原文の「エレイソン（eleison）」に関しては「あわれみたまえ」（字遣いは多様）、また「栄光の賛歌」「平和の賛歌」に見られる関連表現「ミゼレレ・ノビス（miserere nobis）」については、「われらをあわれみたまえ」とするという点で諸訳は一致していました。

③「賛歌」という統一的理解の意義

　1978年版『ミサ典礼書』に結実した式文の国語化の最初の取り組みにおいて、「キリエ」「グロリア」「サンクトゥス」「アニュス・デイ」である通常式文の四つの歌が、この段階では文語体のまま残されたとはいえ、日本の教会における典礼の理解と実践において、たいへん重要なことがなされていました。それは、これらが共通に「賛歌」として把握され、それぞれ「あわれみの賛歌」「栄光の賛歌」「感謝の賛歌」「平和の賛歌」とされたことです。このことによって、賛歌という本質理解のもと、それぞれの歌の式次第における役割や意味がより明確になり、深く考えられるようになってきたと思います。

　とくに、ラテン語名「キリエ」の歌は、以前のミサ典書では、単に「キリエ　Kyrie」と呼ばれるか、解釈を込めて「求憐誦（キリエ）」と呼ばれるか、または「キリエ（思慕）」といった補記がなされるか、などまちまちでした。この賛歌の役割や位置づけに対する理解がまだ徹底していなかったことがうかがわれます[5]。その意味で、「キリエ」に関して、1978年版『ミサ典礼書』が「あわれみたまえ」という文語訳を踏襲しつつも「あわれみの賛歌」とされたことは画期的でした。一見、「主よ、あわれんでください」と嘆願しているようなことばの歌が、どうして「賛歌」なのか、疑問を心に抱いたかたも多かったのではないでしょうか。そこに、今回の改訂の大きな理由が隠されています。

をつけないことになっていますので、新しい式文で作曲するようにします」（土屋吉正『ミサ——その意味と歴史』あかし書房、1977年、22〜23頁）。

5)　注3を参照。ちなみに、チーグレル訳では、「キリエ　Kyrie」「榮光の聖歌　Gloria」という表題はあるが、サンクトゥスについては序誦（今の叙唱）の末尾の文言として記載されており、特別な呼称はない。最後に「神羔誦　Agnus Dei」がある。バルバロ訳では、「求憐誦（キリエ）」「栄光頌（グロリア）」、サンクトゥスについてはチーグレル訳と同様で、アニュス・デイには表題はない。長江訳では、「キリエ（思慕）」「グロリア（榮光誦）」と表題があるが、サンクトゥスについては「序誦の結び」とあるのみ。アニュス・デイにとくに表題はない。

嘆願の形をもつ賛美句

①諸宗教の影響も考えられる祭儀的賛美

ここで、「いつくしみの賛歌」（「あわれみの賛歌」）の原文「キリエ、エレイソン」について典礼史学的研究から教示される点について記しておきます。それによると、典礼の中で会衆一同が声を合わせて歌う短い句「キリエ、エレイソン」は、キリスト教以前から、あるいはキリスト教初期と同時代にあった、古代の諸宗教にすでに見られ、神々、とくに太陽神、さらには皇帝や王を迎えるときの表敬と歓呼の叫びとなった賛美句であったという例が紹介されています[6]。

「キリエ」すなわち「主よ」は、それらの崇高な対象、神聖な存在に向けられる呼びかけとして、また「エレイソン」（あわれみを／あわれみたまえ）ということばは、それらの「主」の特徴に対して向けられた嘆願でもあり、賛美でもあったというものでしょう。ここの文言は、それが唱えられる文脈で意味合いは多様であったと思われますが、諸宗教を通して普遍的なものであったということが推し量れます。ただ、キリスト教の賛歌としての「キリエ、エレイソン」が、全面的に他の諸宗教からの流入であったのかどうかについては議論があります。少なくとも、繰り返し唱える祭儀的な賛美という形式に関しては影響があったと考えられるかもしれません。それは、キリスト教典礼における行列に伴われる賛歌や連願に関してもいえることです。

キリスト教の文献において、典礼的応唱句として「キリエ、エレイソン」が記載されている最初の文献は、380年代にエルサレムを訪れたエゲリアの『巡礼記（*Itinerarium Egeriae*）』24・5 です。そこでは、週日の晩の祈りで行われる執り成しの祈りの中で、子どもたちが「キリエ、エレイソン（Kyrie eleyson）」と唱えているとされ、ラテン語訳（miserere Domine）が添えられています[7]。すでに祈りの結びに唱える句の一つとして知られ、定着していたことがうかがわれます。

---

6)　キリエ・エレイソンの由来、とくにキリスト教以外の事例やキリスト教の初期の事例については、ドイツの古代宗教史・教会史家フランツ・ヨゼフ・デルガー（Franz Joseph Dölger, 1879〜1940年）の研究が詳しい。F. J. Dölger, *Sol Salutis: Gebet und Gesang im christlichen Altertum.* Münster 1925, pp. 60-103. ほかに Ph. Rouillard, 《KYRIE ELEISON》, *Catholicisme* 6 (1967) pp. 1507-1510, J. A. Jungmann, *Missarum Sollemnia I*, Wien 1952, pp. 429-446 参照。

7)　『エゲリア巡礼記』太田強正訳、サンパウロ、2002年、72頁参照。

　東方教会では、司祭が唱える意向を含む任意の唱句に対して、会衆が「キュリエ、エレイソン」と応唱して、これを何度も連ねていく連願（エクテニエ）が広まります。シリアのアンティオキアでは、感謝の祭儀における説教に続く共同祈願で、会衆が「キュリエ、エレイソン」と応唱していた例が伝えられています[8]。このギリシア語句が、他の言語圏の典礼様式（コプト典礼、西シリア典礼、エチオピア典礼など）では、それぞれの言語に訳し変えられることなく、そのまま受け継がれていったという点も興味深いことです。

　ラテン語圏でも、ギリシア語の文言をそのままラテン語化した「キリエ、エレイソン（Kyrie eleison）」として受け継がれていきます。ローマ典礼では、5世紀初めに、ことばの典礼の共同祈願のところで、さまざまな意向を告げる句と、「キリエ、エレイソン」の応唱が連ねられる実践（「ゲラシウスの嘆願」と呼ばれる）が一時期行われており、そこでは、「キリエ、エレイソン」、あるいはラテン語訳 "Domine miserere" が唱えられていました。これがやがて「キリエ、エレイソン」のみを繰り返す「キリエの連願」になり、開祭で歌われるものとなっていきます。教皇グレゴリオ一世（在位590〜604年）のころ、「キリエ、エレイソン」を3度、「クリステ、エレイソン」を3度、最後に「キリエ、エレイソン」を3度繰り返す歌となって定着し、現代の刷新前までの伝統となります[9]。

　ミサだけでなく、聖務日課でも、いくつかの時課の結びで「キリエ、エレイソン」と唱えられていることも、6世紀初めのヌルシアのベネディクトの『戒律』によって分かります[10]。

　「キリエ、エレイソン」の諸宗教での存在と、典礼祭儀における一同の反復句としての姿のうちに、これがあくまで神への礼拝と賛美と喜びからあふれる叫びや歌であるという、その本質を十分に見ることができます。

---

8)　380年頃、シリアないしコンスタンティノポリスで編纂されたと考えられる教会の典礼、法規に関する文書『使徒教憲』（ラテン語題 *Constitutiones Apostolicae*）の第8巻6章4節、9節などが参照される。*Sources chrétiennes* 336 (1987) pp. 152-155 参照。

9)　「キリエ」が開祭の賛歌となった経緯については、C. Callewaert, "Les étapes de l'histoire du Kyrie," *Revue d'histoire ecclésiastique* 38 (1942) pp. 20-45 が重要。

10)　ベネディクトの『戒律』では、夜課、小時課（1、3、6、9時課）、そして終課の結びに唱える句とされている（表記 quirie eleison）。古田暁訳『聖ベネディクトの戒律』すえもりブックス、2000年、79頁と100〜102頁参照。

②「ホザンナ」にみる嘆願句が賛美句になる例

古代諸宗教、古代教会において広く共有されていた「キリエ、エレイソン」が嘆願句でありつつ賛美句であるという点に関して、似たような事例が聖書にも見られます。それは「感謝の賛歌」にも受け継がれている「ホザンナ」です。

新しい式文で「天には神にホザンナ。主の名によって来られるかたに賛美。天には神にホザンナ」となった「感謝の賛歌」の後半部分は、直接には、イエスのエルサレム入城を迎える場面に登場する群衆の賛美句に「ダビデの子にホサナ。主の名によって来られる方に、祝福があるように。いと高きところにホサナ」（新共同訳マタイ 21・9。マルコ 11・9-10 も参照）に由来します。

しかし、このホサナ（ホザンナ）には、さらに源流があります。それは、詩編 118・25-26「どうか主よ、わたしたちに救いを。どうか主よ、わたしたちに栄えを。祝福あれ、主の御名によって来る人に」（新共同訳）という箇所です。ここの「どうか主よ、わたしたちに救いを」の「どうか、救いを」に当たるヘブライ語が「ホシアーナー」です（なお、原文には「わたしたちに」はありません）。これがやがて、一つの賛美の慣用句「ホサナ（ホザンナ）」となっていきます。救いを神に呼び求める嘆願句が、救い主である神への賛美句に転じているこのような例[11] は、「キリエ、エレイソン」にも通じるものであり、その本質を照らし出すものと考えられます。

③キリスト教の賛歌としての「キリエ、エレイソン」へのアプローチ

上述のように、キリスト教典礼における賛美句としての「キリエ、エレイソン」の普及と定着が見られることには、4 世紀以降に広く見られる、古代諸宗教や諸文化の要素の移入や受容、変容という現象の一例といえる面があります。しかし、「キリエ、エレイソン」という文言の要素をなす、ギリシア語の「キュリオス」（主）や「エレーオー」（動詞「あわれむ」「いつくしむ」等の意）、「エレオス」（名詞「あわれみ」「いつくしみ」等の意）というギリシア語は、いずれも聖書と深い関連をもっています。聖書における類語表現との関連から

---

11)　一説では、「いと高きところにホザンナ」のようになったのには、もともと誤解が含まれ、本来は、「いと高きところにいます神よ、救いを」という句になるべきものだったともいう。*Anchor Bible Dictionary* 3 (1992) pp. 290-291 参照。この場合でも「神よ、救いを」という嘆願形式による賛美句であるということもいえる。

考えていくこと、解釈していくことは、当然に可能であり、キリスト教典礼にとってはそれが必要なことでもあります。それは、ギリシア語本文のまま継承してきたローマ典礼の教会においては、各国語訳へと取り組む中で、新たな重要な課題として浮かび上がってきます。その際に、もちろん、古代教会でのラテン語訳"miserere Domine"や"Domine miserere"、そして、「栄光の賛歌」「平和の賛歌」のラテン語本文にある"…miserere nobis"といった文言も参照されます。

④「キリエ」（主よ）のキリスト教的意味

　まず、「キリエ」（主よ）という呼びかけですが、キリスト教においては、主である神、そして主イエス・キリストへの賛美の呼びかけとして理解され、告げられていくことはいうまでもありません。典礼の祈願、ミサの賛歌においては、旧約聖書的な「主である神」という呼びかけの伝統を汲み、新約的には「父である神」に対しても「主」と呼びかけるという教会の伝統が受け継がれています。日本の教会の典礼文では、おおむね、「父である神」に対して「神よ」あるいは「父よ」とし、「主」はできるだけイエス・キリストへの呼びかけにしようという意図もあって、そのように典礼文がまとめられている面がありますが、旧約的な賛美表現を含む栄光の賛歌では、「神なる主、天の王、全能の父なる神よ、わたしたちは主をほめ、主をたたえ、主を拝み、主をあがめ、主の大いなる栄光のゆえに感謝をささげます」と、御父に「主」と呼びかけるかたちになっています。「キリエ、エレイソン」における「主よ」は二番目の呼びかけと同様、「キリスト」を指すものと理解されるのが一般的です。

⑤「エレイソン」への典礼的なアプローチ

　「エレイソン」のもとにある、「エレーオー」（動詞）と「エレオス」（名詞）が、旧約聖書のヘブライ語のもつ意味合いをふまえて新約聖書のギリシア語本文の中でもっている意味について、またそれに関連するヘブライ語、ギリシア語の語彙とその内容の豊かさ、相互関連については、山下敦師による「1　聖書学の立場から」を参照してください[12]。

---

12)　本書 56 頁以下参照。

　日本語の「あわれみ」と「いつくしみ」という用語に関して、両者の違いを強調して考える方向もありえますが、神の本質性を考え、祈りと賛美のことばを展開するために、それぞれに長所と限界をも有する日本語のことばを互いに補い合わせながら生かしていくことが典礼文起草では大切になります。そして、この取り組みに関して、第二バチカン公会議後の典礼刷新の過程で、日本の教会において、大きく力が注がれた詩編の典礼訳が一つの土台となっています[13]。

　そこで、「1　聖書学の立場から」でも一部が紹介されている、「キリエ、エレイソン」に類する句が見られる詩編の箇所を頼りに、それらの元の内容を（ヘブライ語原文に基づく）典礼訳を通して参照しておきたいと思います。詩編6・3「神よ、弱り果てているわたしをあわれみ、／痛み苦しむわたしのからだをいやしてください」、詩編9・14「神よ、敵に苦しめられるわたしをいつくしみ、／死の門から救ってください」、詩編31・10「神よ、悩み苦しむわたしにあわれみを示してください」、詩編86・3「主よ、あわれみをわたしの上に。わたしは昼も夜もあなたを呼び求める」等。それぞれの詩編の中で、この文言が置かれている文脈は多様ですが、前後を見ると、何らかのかたちで賛美と嘆願が結びついている点が重要です[14]。明確に賛美的なものの例としては、詩編103・8「神は恵み豊かに、あわれみ深く、／怒るにおそくいつくしみ深い」等が参照されます[15]。

　いずれにしても、「あわれみ」「いつくしみ」「恵み」「まこと」といったこと

---

13)　典礼訳とは、典礼委員会詩編小委員会訳『ともに祈り・ともに歌う「詩編」現代語訳』（あかし書房、1972年）を指す。

14)　ほかに、詩編27・7：新共同訳「主よ、呼び求めるわたしの声を聞き／憐れんで、わたしに答えてください」、典礼訳「神よ、わたしの声を聞き、／わたしをあわれみ、こたえてください」。詩編51・3：新共同訳「神よ、わたしを憐れんでください／御慈しみをもって」、典礼訳「神よ、いつくしみ深くわたしを顧み（てください）」。詩編57・2：新共同訳「憐れんでください／神よ、わたしを憐れんでください」、典礼訳「神よ、わたしをあわれみ、／いつくしみをわたしの上に」などを参照。

15)　他の例として、詩編86・15：新共同訳「主よ、あなたは情け深い神／憐れみに富み、忍耐強く／慈しみとまことに満ちておられる」、典礼訳「主よ、あなたはあわれみに満ち、恵み深い神、／怒るにおそく、いつくしみとまことにあふれておられる」。詩編145・8：新共同訳「主は恵みに富み、憐れみ深く／忍耐強く、慈しみに満ちておられます」、典礼訳「あなたは恵みとあわれみに満ち、／怒るにおそく、いつくしみ深い」。出エジプト34・6-7も参照。

ばが、神、御父、御子イエス・キリストの姿を表すものとして重なり合い、関連し合い、補い合い、豊かな祈りの表現として展開されています。口語体の日本語による式文全般の創出にあたって、このような聖書における表現の特質は大きな示唆を与えてくれます。

ミサの賛歌の口語訳に際して意図されたこと

①嘆願句と賛美句の両面性の考慮

諸宗教の歴史とも関連する典礼史の事情、そして聖書的背景の両方を考慮したうえで、「キリエ、エレイソン」のもつ、嘆願句でありつつ賛美句であるという独特な特徴を、どのように現代日本語で表現していけるかは、今回の改訂のために取り組まれた大きな課題でした。

「主よ」「キリスト」「主よ」という呼びかけにおける「よ」のあるなしについては、前述のとおり、これまでの式文の原則が踏襲されています。「栄光の賛歌」における「世の罪を取り除く主よ」、「平和の賛歌」における「世の罪を取り除く神の小羊」についても同様です。

多くの検討と吟味を要したのは「エレイソン」の表現です。冒頭で見たように、文語体においては「あわれみたまえ」とほぼ一致して訳されていたところです。これを単純に口語化して全体として「主よ、あわれんでください」としてよいのだろうか、という点から検討が始まりました。

この場合、一つ考慮されたのは「キリエ、エレイソン」には「だれだれに」を意味する人称代名詞がない点です。人称代名詞のつかない場合は、賛美の特徴が強く、人称代名詞のつく場合は嘆願の特徴が強いという指摘もありますが[16]、他方で、もともと人称代名詞のつく嘆願句であったものが反復される応唱となる中で、それが略されただけで、そこには絶対的な意味の違いはないという指摘もあります[17]。いずれにしても「キリエ、エレイソン」では嘆願と賛美の両面を考えることが大切です。

②日本語表現としての新しい選択

これらをふまえて、口語体の本文は次のようになりました。

16）　J. H. Emminghaus, *Die Messe*. Klosterneuburg 1976, p. 180 参照。

17）　F. J. Dölger, *op. cit.*, p. 86 参照。

　　主よ、いつくしみを。主よ、いつくしみをわたしたちに。

　　キリスト、いつくしみを。キリスト、いつくしみをわたしたちに。

　　主よ、いつくしみを。主よ、いつくしみをわたしたちに。

　「いつくしみ」を基調としたのには、次のような検討経緯があります。

　上述のように「エレイソン」や「ミゼレレ」に対して、従来の「あわれみた
まえ」に限られない、とりわけ「いつくしみ」を基調とする訳の可能性と必要
性が感じられてきました。「あわれみ」という日本語の単語、これで訳されて
きた聖書における意味内容には深いものがあることは承知されつつも、従来の
「主よ、あわれみたまえ」を直接「主よ、あわれんでください」と置き換える
と、日常的な言語感覚からの流れで、一面的な懇請・嘆願の意味合いが強くな
ると感じられ、それはこの句の本意ではないと考えられました。

　文語の「あわれみたまえ」の場合、日常語とは違うために、最初から神に対
する特別なことば遣いであり、その中で賛美の意味合いが感じられていたとい
えるかもしれませんが、口語体にするうえでは、上で見たように、詩編の賛美
において「あわれみ」とも結びつきが深く、時には訳語として置き換えられる
こともある「いつくしみ」の語を導入することが提案され、それを基調にまと
められることとなりました。その際、「いつくしんでください」や「いつくし
みをお与えください」のように、「〜ください」と告げる直接的な嘆願表現を
避け、「主よ、いつくしみを」あるいは「主よ、いつくしみをわたしたちに」
という表現にすることで、「〜ください」のニュアンスを言外に、余韻の中に
含ませるという方法が選択されています。

　「主よ、いつくしみを」という文言を通して、関心は、強く、主のあり方、
その本質、特徴、姿に向かっていくのではないでしょうか。ここで賛美されて
いるのは、神、そして主キリストのあわれみ深さ、いつくしみ深さの全体です。
それをこの短い文言の中に感じ取り、歌っていくことでキリスト教的な賛歌と
して、新約の神の民の賛歌として、育っていくのだと思います。

　なお、「主よ、いつくしみを」に対する会衆の応唱句が、原文どおり同じ句
の繰り返しではなく、「主よ、いつくしみをわたしたちに」としている、とい
う点ですが、これには、先唱句を「主よ、いつくしみを」としたことに対して、
嘆願句としてのニュアンスを示すために「わたしたちに」を加えてバランスを

とりつつ、日本語の詩句として落ち着かせる意図があります。それでも、「お与えください」といった直接の嘆願表現にはせずに、これを言外に、余韻の中に置いたままにしたのは、賛歌の詩句として工夫されたところです。

このことは、「栄光の賛歌」「平和の賛歌」の中の原文で"miserere nobis"とあるところの訳でも適用され、「世の罪を取り除く主よ、いつくしみをわたしたちに」(栄光の賛歌)、「世の罪を取り除く神の小羊、いつくしみをわたしたちに」(平和の賛歌)となり、一貫したかたちになっています。

今回の改訂の意義

従来訳「あわれみの賛歌」の本文の意義を評価しつつも、口語体の本文としては「いつくしみ」を基本用語として、呼応のさせ方にも工夫を加えたことで、全体としての「キリエ」の賛歌としての特色は反映できているのではないかと思います。この取り組み方は、たいへん斬新で、画期的なことであり、大きな意義をもつものとなるのではないかと考えられます。

①四つの賛歌の統一的理解の促進

「キリエ」のことばを「いつくしみ」を基調として、嘆願の様相も「いつくしみをわたしたちに」という表現にしたことは、「栄光の賛歌」「平和の賛歌」とのつながりをいっそうよく表し、それらも嘆願表現を含む賛歌であるという性格をよく認識させるものとなっていると思います。「ホザンナ」について上述したこともふまえると、「感謝の賛歌」を含めて、四つの賛歌の共通の性格がより統一的に浮かび上がってきます。神、そしてキリストの現存を迎える賛美の歌であるという、ミサの式次第におけるこれらの賛歌の基本的な意味と役割を学び、教えていくために大切な点がより明らかになっていると思います。

②一つの単語で尽くせない豊かさへの考慮

新しい賛歌の本文を考える中で痛感させられているのは、候補となる訳語を、聖書のヘブライ語やギリシア語、典礼のラテン語と突き合わせるときでも、一つの単語では尽くせないということです。それは、日本語だけでなく、現代の各国語でもそうです。典礼において公式に唱えるためには、何かの単語を選ばなくてはなりませんが、その限界に対しては、類縁することばで補いながら、

学びや教えの場で展開していくことが大切だと思います。今回の「いつくしみの賛歌」への改訂によって、神のあわれみ、いつくしみ、恵みなどについてあらためて、より深く考えるきっかけになることが期待されます。

　ちなみに、今回の改訂では、「キリエ、エレイソン……」という原文のことばも記載され（「式次第」7）、歌われる場合には、それに基づく歌のレパートリーから歌われることも可能にしています。また、今後「いつくしみの賛歌」の旋律がさらに創られることを期待しつつも、歌う場合には、従来の「あわれみの賛歌」を歌うこともできる余地を残しています。これは、上述のように、文語体の本文には、賛美の句としての簡潔な詩的響き、古典的な重みが保たれていると判断されてのことです。

③典礼文における「いつくしみ」と「あわれみ」の併用

　このたびの改訂で、ミサの賛歌においては、これまでの「あわれみたまえ」が「いつくしみを」に置き換えられたことで、一見すると「あわれみ」という用語が排除されているかのような印象を与えているかもしれませんが、そうではありません。たとえば、主の祈りに続く司祭の唱える祈り（副文）の中の「あなたのあわれみに支えられて、罪から解放され」は、従来の本文「あなたのあわれみに支えられ、罪から解放されて」から「あわれみ」という訳語を引き継いでいます[18]。また、動詞的な言い方でも、第二奉献文の死者の記念の祈りで「いま、ここに集うわたしたちをあわれみ」の部分は、従来訳「なお、わたしたちをあわれみ」から「あわれみ」を引き継いでいます。

　このように見ると、決して「あわれみ」を排除して「いつくしみ」に置き換えたということではなく、いわゆる通常式文に「いつくしみ」という訳語が導入されたことによって、聖書の伝統ともより深く、より広くつながったということになると思います。上に述べましたが、やはり、典礼用の詩編口語訳と、それに基づく典礼聖歌づくりを通して、旧約聖書の詩編が親しみやすい日本語でわたしたちの信仰や礼拝の心を導き、支え、豊かにするものとなってきたことが、ミサの四つの賛歌の新しい本文形成に生かされ、反映されています。その意味で、公会議後の日本語典礼の新たな一歩として、新しいミサの賛歌を、

---

18)　『家庭の友』2022年12月号24頁の『ミサ典礼書』改訂委員会からの提供記事「新しい『ミサの式次第』における『あわれみ』と『いつくしみ』」を参照。

多様な、新しい旋律とともに歌いつつ育てていくことが大切です。

④エキュメニカルな協働の新たな可能性

「キリエ」をはじめとするミサの賛歌は、古代教会からの伝統でしたので、カトリック教会以外の諸教会の礼拝式文でも受け継がれています。その場合、文語体で「あわれみたまえ」と訳され、理解されてきた「キリエ」や関連句に関して、諸教会における口語化の取り組みもさまざまに行われきました。その中でやはり直訳型の「あわれみをお与えください」「あわれんでください」といった訳文が見られます[19]。今回のカトリック教会での改訂に向けての研究や検討の過程は、それらの諸教会の取り組みにも刺激や示唆を与えるものとなっていくことが考えられます。新しい賛歌の本文によって新しい聖歌が作られていくことになりますが、それらは諸教会にとっても共通の実りとされていくと思います。今回の改訂がそれらに向けてのエキュメニカルな共同検討の一つのきっかけとなり、キリスト教としての祈りと礼拝がともに深められていくことにも期待したいと思います。

おわりに

ここまで、今回のミサの賛歌の改訂に至る『ミサ典礼書』改訂委員会での検討過程（2000〜2006 年）を思い起こしながら、その検討過程にあったおもな考慮点を、説明を補いながら整理してみました。1990 年代半ばに発足した『ミサ典礼書』改訂に向けての研究小委員会の式次第部門から提出された試案をもとに、検討は進められてきました。そこでは、国井健宏師（御受難修道会、2018 年帰天）、南雲正晴師（フランシスコ会）、フランコ・ソットコルノラ師（聖ザベリオ宣教会）ほか、若手の委員の間においても、典礼史や聖書、典礼文における「あわれみ」と「いつくしみ」の用語の意味合いの理解については、おおむね共通

19）　日本聖公会『祈祷書』（1991 年、163 頁）では、聖餐式の参入の部の歌として記載。「主よ、憐れみをお与えください／キリストよ、憐れみをお与えください／主よ、憐れみをお与えください」。日本福音ルーテル教会・日本ルーテル教団共同式文委員会監修『ルーテル教会　式文（礼拝と諸式）』（2001 年、26 頁）では、「キリエ」について、「キリエ（主よ）」の表題のもと、「主よ、あわれんでください。主よ、あわれんでください。キリストよ、あわれんでください。キリストよ、あわれんでください。主よ、あわれんでください。主よ、あわれんでください」。

の了解があったので、改訂委員会の場での直接の検討課題は、ミサの賛歌にふさわしい口語本文の起草とその整備にありました。その成果が典礼委員会および司教総会において承認され、今回の実施に至っています。

　そのような検討過程の全体を導いたのは、やはり、冒頭でも述べたように、1970年代の国語化の最初の取り組みにおいて、ミサ通常式文が「賛歌」と捉えられ、意識化されてきたことだと思います。そうなるように考え、取り組まれた典礼委員会初代委員長の長江恵司教（1998年帰天）をはじめ第一世代の典礼委員のかたがたに対しても尊敬と感謝の意を表したいと思います。

補遺 2

　以下に参考資料として、『新しい「ミサの式次第と第一〜第四奉献文」の変更箇所——2022 年 11 月 27 日（待降節第 1 主日）からの実施に向けて』（カトリック中央協議会、2021 年）の 8〜14 ページをそのまま転載します。この『変更箇所』に関する冊子は、新しい「ミサの式次第」等の実施の約 1 年前に発行したものなので、それをふまえた内容や表現になっていることをお断りいたします。

1　改訂作業の経緯と改訂版の実施

日本語版『ミサ典礼書』の改訂作業の経緯

　第二バチカン公会議の典礼刷新を受けて改訂された『ローマ・ミサ典礼書（*Missale Romanum*）』のラテン語規範版の初版は、1970 年に教皇庁典礼聖省（当時）によって発行されました。このラテン語規範版の初版はさらに改訂が加えられ、1975 年に第 2 版が発行されました。現行の日本語版『ミサ典礼書』は、この 1975 年に発行されたラテン語規範版第 2 版に基づいて準備され、1978 年 12 月に発行されました。この日本語版は規範版の全訳ではなかったため、典礼聖省からは暫定的な認証を受けて使用されることとなりました。

　発行から 10 年が過ぎた 1988 年以降、日本カトリック典礼委員会が主催した教会管区ごとの典礼研究会や全国典礼担当者会議などを通じて、日本語版『ミサ典礼書』に対するさまざまな意見や要望が寄せられました。また、1994 年には日本カトリック典礼委員会のもとに 3 つの研究部会（式次第、叙唱・奉献文、公式祈願）を設置し、将来の本格的な改訂に向けた準備を始めました。

　そして、2000 年 6 月に正式に『ミサ典礼書』改訂委員会の発足が承認され、改訂作業に取りかかりました。その後、2001 年 3 月に典礼秘跡省から典礼式文の翻訳に関する指針『リトゥルジアム・アウテンティカム（*Liturgiam authenticam*）』が公布され、規範版に忠実な翻訳が求められたこと、さらに 2002 年 3 月には『ローマ・ミサ典礼書』規範版第 3 版が発行されたことを受けて、すでに改訂を進めていた部分も含めて、この改訂作業全体を見直すこととなりました。

　改訂作業は、規範版の膨大な量の式文すべてを翻訳してから典礼秘跡省に提出するのではなく、ミサの主要部分である「ミサの式次第と第一〜第四奉献文」、ならびに式次第とともに用いる可能性のある「ミサの結びの祝福と会衆のための祈り」と「水の祝福と灌水」から始められました。そして、2006 年 4 月にこれらを典礼秘跡省に提出し、文書によるやりとりだけでなく同省を直接訪問し、長官や次官などと式文の日本語訳に関するさまざまな課題について協議を重ねてきました。

　2017 年 9 月には教皇フランシスコが自発教令の形式による使徒的書簡『マニュム・プリンチピウム（*Magnum principium*）』を公布して「教会法」第 838

条を改訂し、各司教協議会には典礼式文の翻訳を承認する役割および責任があり、典礼秘跡省はそれを認証することが明確にされました。これによって、典礼式文の翻訳の認証に至るまでの手続きに改善がみられ、今回の認証へとつながりました。以下は、認証までの歩みの概要です。

2000 年 6 月	日本カトリック司教協議会定例司教総会（以下「定例司教総会」と表記）で『ミサ典礼書』改訂委員会の発足を承認
2005 年 12 月	日本カトリック司教協議会特別臨時司教総会で「ミサの式次第と第一〜第四奉献文」改訂版を承認
2006 年 2 月	日本カトリック司教協議会臨時司教総会（以下「臨時司教総会」と表記）で「ミサの結びの祝福と会衆のための祈り」と「水の祝福と灌水」の日本語訳を承認
2006 年 4 月	典礼秘跡省に「ミサの式次第と第一〜第四奉献文」等を提出
2006 年 5 月	典礼秘跡省が「ミサの式次第と第一〜第四奉献文」等に対する「所見」を送付
2007 年 2 月	臨時司教総会で「ミサの式次第と第一〜第四奉献文」改訂版の試用（2 月末〜4 月末）を承認
2007 年 6 月	定例司教総会で「ミサの式次第と第一〜第四奉献文」の修正箇所を承認
2007 年 9 月	典礼秘跡省に「ミサの式次第と第一〜第四奉献文」等を再提出
2007 年 12 月	アド・リミナ（各国司教団が数年おきにローマを訪問し、教皇に謁見して各国・各教区の状況を報告するもの）の期間中に日本司教団が典礼秘跡省を訪問し、同省長官 F・アリンゼ枢機卿と意見交換
2008 年 6 月	定例司教総会で典礼秘跡省から指摘された箇所の改訂訳を承認
2014 年 3 月	「ミサの式次第と第一〜第四奉献文」等、「ローマ・ミサ典礼書の総則」改訂訳を再提出
2014 年 5 月	典礼秘跡省が「ローマ・ミサ典礼書の総則」改訂訳を認証（Prot. N. 147/14）
2015 年 3 月	アド・リミナの期間中の教皇フランシスコと日本司教団との意見交換の際に典礼書の翻訳をめぐる問題について言及し、さらに典礼秘跡省を訪問して同省次官 A・ローチ大司教と意見交換

2015 年 10 月	典礼秘跡省が「ミサの式次第と第一〜第四奉献文」に対する「所見」を送付
2015 年 11 月	「ローマ・ミサ典礼書の総則」改訂訳の変更箇所の一部を実施
2019 年 7 月	2015 年 10 月の典礼秘跡省による「所見」に対する返答を送付
2021 年 5 月	典礼秘跡省次官A・ローチ大司教と典礼委員会委員長白浜満司教が「ミサの式次第と第一〜第四奉献文」等の認証について協議
2021 年 5 月	「ミサの式次第と第一〜第四奉献文」等の最終版を典礼秘跡省に送付
2021 年 5 月	5 月 23 日（聖霊降臨の祭日）付で典礼秘跡省が以下の式文の日本語訳を認証（Prot. N. 148/14） ・ミサの式次第と第一〜第四奉献文 ・ミサの結びの祝福と会衆のための祈り ・水の祝福と灌水

　なお『ローマ・ミサ典礼書』規範版には上記のほかに、季節固有の典礼、公式祈願、叙唱、入祭唱・拝領唱など多くの式文が掲載されています。これら残りの式文の翻訳作業も順次行われ、典礼秘跡省に提出する準備が進められています。

「ミサの式次第と第一〜第四奉献文」改訂版等の実施に向けて

　このたび認証された「ミサの式次第と第一〜第四奉献文」等を用いてミサをささげるために、ミサを司式する司教や司祭のみならず、助祭や信徒の奉仕者、そして会衆も、改訂の理由や背景などの理解を深めることが大切です。そのために本書が準備されました。

　歌唱ミサのための旋律は、『典礼聖歌』201 番ならびに『ミサ典礼書』の巻末に掲載されている旋律が用いられてきました。今回の改訂に伴い、これらの旋律も一部を修正することになりました。また、現行の「ミサの式次第」には掲載されていない式文が加わるので、この部分を歌唱するためには新しい旋律が必要となります。こうした修正や作曲の作業も、現在少しずつ進められています。

　このように、「ミサの式次第と第一〜第四奉献文」等の実施までには十分な

準備期間が必要となるため、**実際の実施は 2022 年 11 月 27 日**（待降節第 1 主日）**からとすることが、日本カトリック司教協議会 2021 年度第 1 回臨時司教総会**（7 月開催）で承認されました。

2 改訂の基本方針

　現行『ミサ典礼書』の改訂作業は、以下の基本方針に基づいて行われています。

1　『ローマ・ミサ典礼書』規範版第 3 版（2002 年）に基づいて、日本語版『ミサ典礼書』（1978 年、暫定認証）を完成させる。

　　　すでに説明したように、日本語版『ミサ典礼書』は暫定的に認証され、今日まで使用されています。そのため、規範版第 3 版を全訳し、典礼秘跡省から正式な認証を受ける必要があります。

2　典礼式文の翻訳に関する指針『リトゥルジアム・アウテンティカム』（2001 年）が求める原文に「忠実な翻訳」を目指す。
　・日本語の特性から「忠実な翻訳」が難しい場合は必要な適応を行う。
　・現行『ミサ典礼書』発行後の典礼用語や式文の翻訳表現に合わせる。

　　　指針『リトゥルジアム・アウテンティカム』はラテン語規範版に忠実な翻訳を求めています。今回の改訂ではこの指針に従い、現行『ミサ典礼書』の式文と典礼注記を可能なかぎり規範版に合わせるようにしました。しかし、ラテン語に忠実に訳しても式文として唱えるためにはふさわしくないと思われた箇所は、日本のための適応を行いました。また、1978 年に現行『ミサ典礼書』が発行された後、さまざまな儀式書をはじめ、『新教会法典』、『カトリック教会のカテキズム』、『第二バチカン公会議公文書改訂公式訳』、『教会の社会教説綱要』などの重要な文書が翻訳されました。これらの翻訳作業を進めるにあたって、教会用語や典礼用語も再検討されてきたので、改訂版においても用語の見直しを行いました。

3　式文は口語体にすることを原則とするが、一部、文語的表現も許容する。

　　　現代の日本語は口語体を主流としながらも、文語体を完全に排除するものでは
　　　ありません。このことに鑑み、式文は原則として口語体で翻訳されていますが、
　　　現行版が用いている「聖なる」「神なる」などの表現は残されています。

4　現行『ミサ典礼書』に採用された日本のための適応（adaptation）を再検討し、
　　必要な場合は修正を加える。

　　　第二バチカン公会議によって、各地方教会の文化や習慣をふまえて、典礼秘跡
　　　省の認証を得たうえで適応を実施することが可能になりました。現行『ミサ典
　　　礼書』にもこうした適応が複数導入されています。今回の改訂にあたっては、
　　　すでに採用されている適応に対して寄せられた意見を参考に、適応を再検討し
　　　ました。

5　教会管区ごとの典礼研究会や全国典礼担当者会議などを通じて寄せられた
　　意見を可能な範囲で反映させる。

　　　前述した現行『ミサ典礼書』に対する意見を集めるため、教会管区ごとの典礼
　　　研究会を開催するとともに、各教区の典礼担当者の集いを一年に一度開催して
　　　きました。これらの機会に寄せられた意見を参考に改訂作業を行いました。

3　式文の唱え方の区別

　ミサの式文は、一律に同じように唱えるのではありません。式文の性質や祭
儀の形態、荘厳さの程度などに応じた発声で唱えるようにします。早すぎたり
遅すぎたりせず、聞き取りやすい速さで唱えることも大切です。また、とくに
司式者と会衆が対話形式で唱える部分は、できるかぎり相手に顔を向けて唱え
るようにします。

　現行『ミサ典礼書』では、式文の唱え方の区別が不明確な部分があったので、
改訂版ではラテン語規範版に従って、以下のように区別して唱えるよう典礼注
記に記載されています。

①唱える（dicere）

　もっとも一般的な発声で、会衆に聞こえるように唱える場合の唱え方です。たとえば、十字架のしるしとあいさつ、回心の祈り、栄光の賛歌、公式祈願、信仰宣言、主の祈り、平和の賛歌、派遣の祝福などです。これらは歌うこともできます。文脈によって、司式者の場合は「言う」、「祈る」と表記されることもあります。

②はっきりと唱える（clara voce dicere; acclamare）

　ことばや祈りを強調する場合の唱え方です。たとえば、公式祈願の「アーメン」、聖書朗読の後、感謝の賛歌、秘跡制定句、奉献文の結びの「アーメン」、教会に平和を願う祈りなどです。これらは歌うこともできます。

③歌う（cantare）

　とくに司祭が唱え会衆がそれに答える部分、あるいは司祭と会衆が同時に唱えるべき部分が優先的に歌われます。たとえば、開祭のあいさつ、ミサの賛歌、答唱詩編、アレルヤ唱（詠唱）などです。

④小声で唱える（submissa voce dicere）

　近くの助祭や奉仕者に聞こえるようにする唱え方です。たとえば、福音朗読前の助祭への祝福、パンとぶどう酒を供える祈り（奉納の歌の間）、共同司式者が奉献文を唱えるときなどです。奉献文の中で、共同司式者が全員で唱える部分、とくに声に出して唱える聖別のことばでは、主司式司祭の声がはっきりと聞こえるよう、小声で唱えるようにします（「ローマ・ミサ典礼書の総則」218）。

⑤静かに唱える（secreto dicere）

　心を込めて奉仕の務めを果たせるよう自分のために祈る場合の唱え方です。たとえば、福音朗読後、パンとぶどう酒を供える祈りの後、清め、ホスティアの小片をカリスに入れるとき、拝領前などです。

　なお、現在の典礼では、「聖なる沈黙も、祭儀の一部として、守るべきときに守る」（「ローマ・ミサ典礼書の総則」45）ことが勧められています。「ミサの式次第」の典礼注記で指示されている沈黙のほかに、日本のための適応として導入された沈黙が加えられています。「沈黙の性格はそれぞれの祭儀のどこで行われるかによる」（同45）ので、司牧者は、その意味を大切にして適切な沈黙の時間をとるようにします。

4　公式祈願の結びの定句

「ローマ・ミサ典礼書の総則」の改訂に伴い、3つの公式祈願、すなわち集会祈願（「総則」54）、奉納祈願（「総則」77）、拝領祈願（「総則」89）の結びの定句の翻訳が再検討され、日本カトリック司教協議会 2021 年度第 1 回臨時司教総会（7 月開催）で認可されました。

2022 年 11 月 27 日からの「ミサの式次第」改訂版の実施とともに、以下の新しい結びの定句を暫定的に使用していきます。

集会祈願
①祈りが御父に向かう場合
聖霊による一致のうちに、

あなたとともに神であり、世々とこしえに生き、治められる御子、

わたしたちの主イエス・キリストによって。アーメン。
②祈りが御父に向かうが、結びが御子に言及されている場合
主キリストは、聖霊による一致のうちに、

あなたとともに神であり、生きて、治めておられます、世々とこしえに。
アーメン。
③祈りが御子に向かう場合
あなたは、聖霊による一致のうちに、

御父とともに神であり、生きて、治めておられます、世々とこしえに。
アーメン。

奉納祈願
①祈りが御父に向かう場合
わたしたちの主イエス・キリストによって。アーメン。
②祈りが御父に向かうが、結びが御子に言及されている場合
主キリストは生きて、治めておられます、世々とこしえに。アーメン。

拝領祈願
①祈りが御父に向かう場合

　わたしたちの主イエス・キリストによって。アーメン。

②祈りが御父に向かうが、結びが御子に言及されている場合

　主キリストは生きて、治めておられます、世々とこしえに。アーメン。

③祈りが御子に向かう場合

　あなたは生きて、治めておられます、世々とこしえに。アーメン。

執　筆　者
（50音順）

石井祥裕（いしい　よしひろ）
上智大学非常勤講師、日本カトリック典礼委員会委員。

市瀬英昭（いちせ　ひであき）
神言修道会司祭、日本カトリック典礼委員会委員、『ミサ典礼書』
改訂委員会委員長。

梅村昌弘（うめむら　まさひろ）
カトリック横浜教区司教、日本カトリック典礼委員会担当司教。

嘉松宏樹（かまつ　ひろき）
カトリック長崎教区司祭、日本カトリック典礼委員会秘書。

具　正謨（く　ちょんも）
イエズス会司祭、上智大学教授、日本カトリック典礼委員会委員。

櫻井尚明（さくらい　なおあき）
カトリック福岡教区司祭、日本カトリック典礼委員会委員。

白浜　満（しらはま　みつる）
カトリック広島教区司教、日本カトリック典礼委員会委員長。

宮内　毅（みやうち　たけし）
カトリック横浜教区司祭、日本カトリック典礼委員会委員。

宮越俊光（みやこし　としみつ）
上智大学非常勤講師、日本カトリック典礼委員会委員。

山下　敦（やました　あつし）
カトリック大分教区司祭、日本カトリック典礼委員会委員。

事前に当協議会事務局に連絡することを条件に、通常の印刷物を読めない、視覚障害者その他の人のために、録音または拡大による複製を許諾する。ただし、営利を目的とするものは除く。なお点字による複製は著作権法第37条第1項により、いっさい自由である。

感謝の祭儀を祝う——新しい「ミサの式次第」解説

2023 年 8 月 6 日　発行

編　集　日本カトリック典礼委員会
発　行　カトリック中央協議会
　　　　〒135-8585 東京都江東区潮見 2-10-10 日本カトリック会館内
　　　　☎03-5632-4411（代表）、03-5632-4429（出版部）
　　　　https://www.cbcj.catholic.jp/

印　刷　大日本印刷株式会社

乱丁本・落丁本は、弊協議会出版部あてにお送りください
弊協議会送料負担にてお取り替えいたします